U0142676

圖解系列

圖解

五南圖書出版公司 印行

對應分析

陳耀茂 / 編著

閱讀文字

理解內容

觀看圖表

圖解讓
對應分析
更簡單

序言

對應分析是自 1960 年代後，開始盛行於歐洲國家的資料維度縮減之統計方法，最先提倡對應分析的學者是法國社會科學家 J. P. Benzecri（Clausen, 1998: 5-6；Michel & Henk, 2005: 252）；另外，Bourdieu 在〈Distinction: A Social Critique of the judgment of Taste〉一文中，大量使用對應分析來研究法國人的生活風格，確立了對應分析在社會學研究中的正當性。

以意見調查中的累計來說，有按各詢問累計的單純累計，以及組合詢問再累計的交叉累計。交叉累計的結果被整理成稱為交叉表的二元表，交叉表的製作與考量，於分析意見調查的各結果時，發揮重要的功能。

交叉表的考量，一般有使用長條圖或帶狀圖等的視覺方法，以及使用稱為檢定的統計方法。可是，這些方法當表甚大時（二元表的行數與列數甚多），欲掌握全體的傾向來進行詳細分析，將變得極為困難。

另一方面，對應分析（correspondence analysis）是將交叉表的行與列的資訊在 2 維度或 3 維度的圖上表現作為目的的一種手法，適合於交叉表的詳細分析。並且，對應分析不只是交叉表，即使對於以複數選擇形式（符合的選項可以選出幾個的形式）的詢問所得到的資料表也能進行解析，因之可以活用在選項的分類或回答者的分類上，並且，將對應分析加以擴張稱為多重對應分析（multiple correspondence analysis）的手法，對於將問項與回答結果按每一回答者作成一覽表的解析也可應用。由此事來看，對應分析在意見調查的資料解析方面，被認為是極為有效的手法。

對應分析法整個處理過程由兩部分組成：表格和關聯圖。對應分析法中的表格是一個二維的表格，由行和列組成。每一行代表事物的一個屬性，依次排開。列則代表不同的事物本身，它由樣本集合構成，排列順序並沒有特別的要求。在關聯圖上，各個樣本都濃縮為一個點集合，而樣本的屬性變數在圖上同樣也是以點集合的形式顯示出來。

對應分析法可以揭示同一變數的各個類別之間的差異，以及不同變數各個類別之間的對應關係。主要套用在市場區隔、產品定位、地質研究以及計

算機工程等領域中。原因在於，它是一種視覺化的數據分析方法，它能夠將幾組看不出任何聯繫的數據，通過視覺上可以接受的定點陣圖展現出來。

本書是學習對應分析的基本與活用方法的書籍。實施對應分析時，需要有統計軟體。本書所用的軟體是 SPSS 的 Category 模組。SPSS 是信度高且品質佳的統計軟體，在世界上甚為有名。本書的讀者群是設定為使用解析意見調查資料的人，並且，以具有基本統計學知識作為前提。

本書的構成如下：

第 1 章是對應分析的概要。介紹交叉表的基本解析方法與利用對應分析的解析方法。

第 2 章是對應分析的佈置圖。針對利用對應分析所得出的圖，就其看法與注意點加以敘述。

第 3 章是對應分析的應用。介紹對應分析應用在除了交叉表以外的二元表的例子，以及應用在三元表的例子等的應用方法。

第 4 章是二值資料的對應分析。介紹以複數回答形式所得到的 01 型資料表以對應分析解析的方法。

第 5 章是多重對應分析。介紹將對應分析擴張為多重對應分析的用法。

第 6 章是多重對應分析的應用。就應用多重對應分析時的注意點與應用方法加以說明。

本書是利用 SPSS 25 版。以 SPSS 實施對應分析時，需要有 Categories 此種名稱的選項產品。

Categories 在 SPSS 中提供有以下模組：

① 對應分析　　　　　　　② 多重對應分析

③ 類別迴歸分析　　　　　④ 類別主成分分析

⑤ 非線型典型相關分析　　⑥ 多元尺度法

最後，希望本書有助於讀者學習及了解對應分析，因為它的確是意見調查分析的利器。

陳耀茂 謹誌
東海大學企管系所

CONTENTS 目錄

序章
淺談對應分析

　　為了能加速理解對應分析，本序章僅僅只是使用範例簡單說明作為揭開序幕，但是，從第 1 章起的以下各章，將會逐章更詳細地說明。

　　通常，兩個分類變量間的關係，無法直接使用常見的 Pearson 相關係數來表述，大多採用敘述統計、交叉表、卡方檢定等過程進行處理，當分類變量的取值較多時，交叉表次數的形式就變得更為複雜，很難從中歸納出變量間的關係。

　　對應分析（correspondence analysis）則是解決分類變量間關係這個複雜問題的有力武器。也稱為因應分析，是一種多元統計分析方法，目的是在同時描述各變量分類間關係時，在一個低維度空間中對對應表中的兩個分類變量進行關係的描述。

本章內容

0.1 範例

對於公司員工來說，職位是否與吸菸有關呢？以下設計了一組虛擬數據：

職位區分	吸菸程度			
	從不	輕度	中度	重度
課長	40	30	70	40
股長	180	240	330	130
經理	40	20	30	20
專員	250	100	120	40
秘書	100	60	70	20

其數字表示人數，若僅從交叉表內數據的大小來區分吸菸程度的話，數字愈大表示人數愈多。

職位區分	吸菸程度			
	從不	輕度	中度	重度
課長	40	30	70	40
股長	180	240	330	130
經理	40	20	30	20
專員	250	100	120	40
秘書	100	60	70	20

此處，我們似乎發現股長吸菸的程度以中度最多，而且是所有職位之中最多的，其他的表現並不明顯，總體上很難發現什麼規律。

除了交叉表之外，還可以考慮長條圖。其作法如下：

步驟 1　從〔分析〕點選〔敘述統計〕，從中勾選〔交叉資料表〕。

SPSS 資料編輯器視窗，選單開啟狀態，內容如下表整理：

欄	職位	吸菸
1	課長	從不
2	課長	輕度
3	課長	中度
4	課長	重度
5	股長	從不
6	股長	輕度
7	股長	中度
8	股長	重度
9	經理	從不
10	經理	輕度
11	經理	中度
12	經理	重度
13	專員	從不
14	專員	輕度
15	專員	中度
16	專員	重度
17	秘書	從不
18	秘書	輕度
19	秘書	中度
20	秘書	重度
21		
22		
23		

視窗標題列：0-1.sav [資料集1] - IBM SPSS Statistics 資料編輯器

功能表列：檔案(F)　編輯(E)　檢視(V)　資料(D)　轉換(T)　分析(A)　圖形(G)　公用程式(U)　延伸(X)　視窗(W)　說明(H)

〔分析(A)〕選單項目：
- 報告(P)　▶
- 敘述統計(E)　▶
  - 次數分配表(F)...
  - 敘述統計(D)...
  - 預檢資料(E)...
  - 交叉資料表(C)...
  - TURF 分析
  - 比例(R)...
  - P-P 圖...
  - Q-Q 圖...
- 貝氏統計資料(B)　▶
- 表格(B)　▶
- 比較平均數法(M)　▶
- 一般線性模型(G)　▶
- 概化線性模型(Z)　▶
- 混合模型(X)　▶
- 相關(C)　▶
- 迴歸(R)　▶
- 對數線性(O)　▶
- 神經網路(W)　▶
- 分類(F)　▶
- 維度縮減(D)　▶
- 比例(A)　▶
- 無母數檢定(N)　▶
- 預測(T)　▶
- 存活(S)　▶
- 複選題(U)　▶
- 遺漏值分析(Y)...
- 多重插補(T)　▶
- 複式樣本(L)　▶
- 模擬(I)...
- 品質控制(Q)　▶
- ROC 曲線(V)...
- 空間及時間建模(S)　▶
- 直效行銷(K)　▶
- IBM SPSS Amos...

底部：資料視圖　變數視圖

狀態列：交叉資料表(C)...　IBM SPSS Statistics 處理器已備妥　Unicode:OFF

步驟 2　進入交叉表的畫面。將「職位」移入〔列〕，「吸菸」移入〔欄〕。

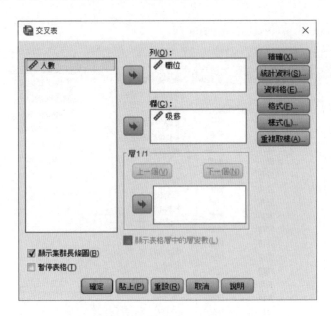

步驟 3　接著，點選〔統計資料〕。出現〔交叉資料表：統計量〕視窗，點選〔卡方檢定〕，按〔繼續〕。

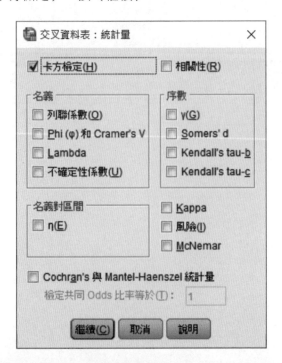

步驟 4　回到原畫面，勾選〔顯示集群長條圖〕後，按〔確定〕。

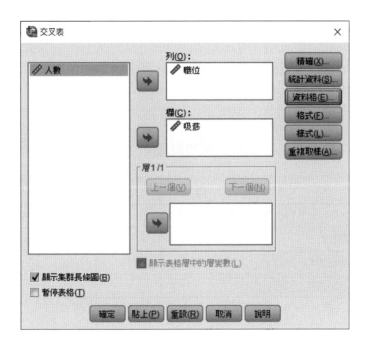

於是出現如下長條圖。

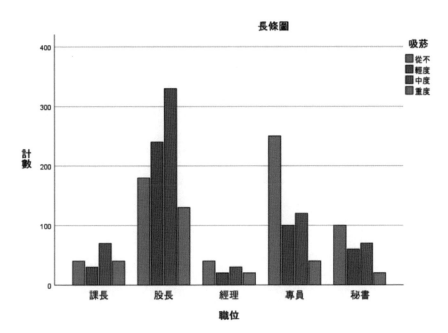

可視化的效果要比前面交叉表好很多，給人的直觀感覺是，職位較高者如經理，其重度吸菸的比例較低，多數從不吸菸。

經過以上兩種圖示化方法的預備處理，我們能從其中總結職位和吸菸的關係並不大。

熟悉 SPSS 統計分析的人可能還會想到，是否可以先採用交叉表的卡方檢定來觀察職位和吸菸之間的關係呢？因先前曾勾選過〔卡方檢定〕，因之輸出結果顯示如下：

卡方檢定

	值	df	漸近顯著性（兩端）
Pearson 卡方檢定	164.416[a]	12	.000
概似比	163.476	12	.000
線性對線性關聯	107.241	1	.000
有效觀察值個數	1930		

a. 0 單元（0.0%）預期計數小於 5。預期的計數下限為 14.25。

原先雖假設職位和吸菸兩個變量間相互獨立，但因卡方檢定的漸進顯著性小於 0.01，說明兩個變量間不完全獨立，存在某種關係。

卡方檢定的結果讓我們吃下一顆定心丸，職位和吸菸之間的關係值得深入研究，但它們之間的關係到底應該如何描述呢？前面嘗試的交叉表、長條圖、交叉表卡方檢定均沒有給出完美的結論。

Note

0.2 利用SPSS對應分析步驟

先前之所以先講述三種方法，主要目的是向大家說明，對應分析實際上也是一種數據可視化的技術，同時它也能輸出卡方檢定。

以下具體說明對應分析利用 SPSS 的分析步驟。

步驟 1 數據的輸入

SPSS 對應分析對數據的要求一般包括三個變量：兩個名義變量和一個人數變量。如果原始數據在 Excel 文件中是一個二維表，需要首先將其轉換為一維表格，再輸入 SPSS 的資料視圖中。若數據較少時，最簡單的方法就是複製貼上，也可以快速實現二維表轉成一維表。輸入 SPSS 的數據顯示如下（參考數據 0-1.sav）。

	職位	吸菸	人數	變數	變數	變數
1	課長	從不	40			
2	課長	輕度	30			
3	課長	中度	70			
4	課長	重度	40			
5	股長	從不	180			
6	股長	輕度	240			
7	股長	中度	330			
8	股長	重度	130			
9	經理	從不	40			
10	經理	輕度	20			
11	經理	中度	30			
12	經理	重度	20			
13	專員	從不	250			
14	專員	輕度	100			
15	專員	中度	120			
16	專員	重度	40			
17	秘書	從不	100			
18	秘書	輕度	60			
19	秘書	中度	70			
20	秘書	重度	20			
21						

步驟 2　我們的分析是要搞清楚職位和吸菸程度兩個名義變量的關係，要對它們進行量化考察，因此，此處需要對人數進行加權。在 SPSS 資料視圖下，從〔資料〕的選單中選擇〔加權觀察值〕。

步驟3 將「人數」移入右側〔次數變數〕框內，按〔確定〕。於是對人數進行了加權。同時資料視圖下方出現〔加權於〕。

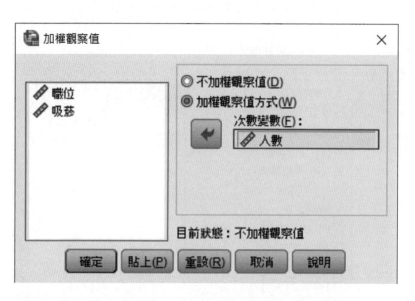

步驟 4 從〔分析〕中點選〔維度縮減〕，從中選擇〔對應分析〕。

步驟 5 依序將「職位」、「吸菸」兩個名義變量移入〔欄〕和〔列〕框內。

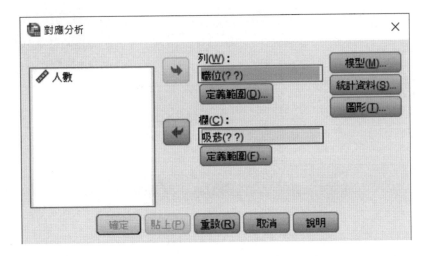

步驟 6　點擊下方〔定義範圍〕按鈕，以定義列範圍為例，列變量「職位」
　　　　有 5 個分類水準，標籤值從小到大依次為 1-5，所以最小值輸入數
　　　　字「1」，最大值輸入數字「5」，然後點擊右側〔更新〕按鈕。

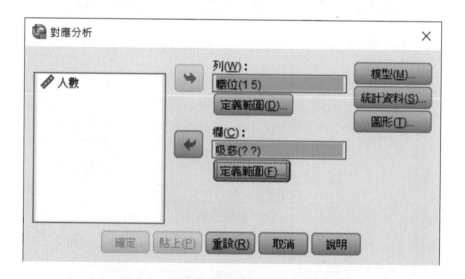

步驟 7　此時，下方的〔列〕框內自動出現〔職位 (1 5)〕。

步驟 8　類似操作，完成對欄變量的範圍定義。然後，點擊〔繼續〕返回主視窗。

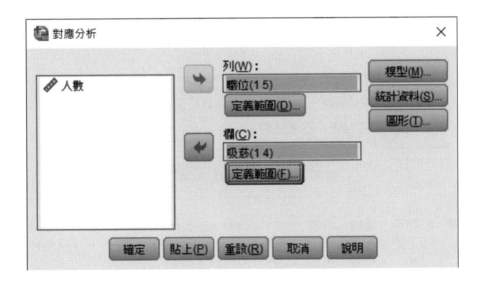

步驟 9　設定對應分析的模型參數。

在主視窗上點擊〔模型〕按鈕，打開模型對話框。一般預設採取二維。

在距離測量勾選〔卡方檢定〕。對應分析也是一種降維技術，通常選擇在一個二維表和二維圖形中考察分類變量間的關係。

行和列變量間的距離測量 SPSS 預設選擇〔卡方〕，當用卡方測量距離時，SPSS 只預設選擇〔將移除行和欄平均值〕作為標準化方法。

最下方的〔正規化方法〕相對比較複雜，理解起來有一定難度，建議選擇SPSS 預設選項〔對稱〕，用以檢查兩個變量分類間的差異或相似。

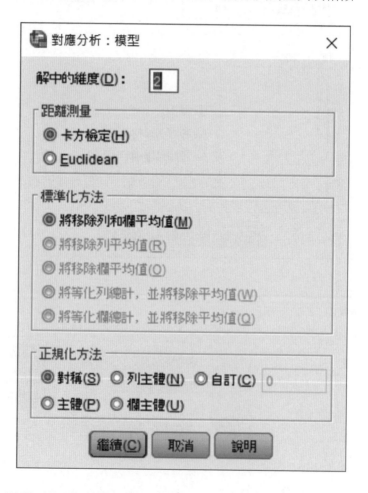

步驟 10　點擊〔繼續〕按鈕，返回主視窗。接著點選〔統計資料〕，出現如下畫面。預設勾選〔對應表格〕、〔列點數概觀〕、〔欄點數概觀〕，點擊〔繼續〕按鈕，返回主畫面。

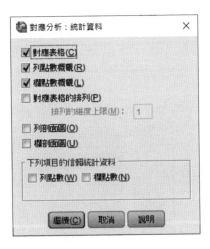

步驟 11　對應分析最重要的結果之一，就是對應圖。在主視窗上點擊〔圖形〕按鈕，打開圖形對話框，可見散佈圖選項中預設勾選〔雙軸圖〕，這也是我們最終想要的對應圖。點擊〔繼續〕按鈕，返回主視窗。

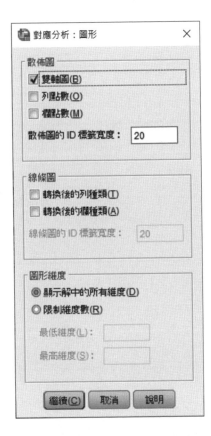

步驟 12 最後，在主視窗中點擊〔確定〕按鈕，SPSS 軟體即開始執行對應
分析。

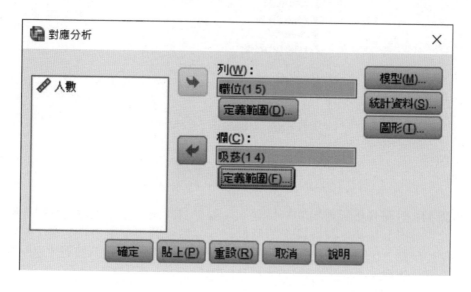

Note

0.3 解讀SPSS輸出結果

■對應表格

對應表格

職位	吸菸				
	從不	輕度	中度	重度	作用中邊際
課長	40	30	70	40	180
股長	180	240	330	130	880
經理	40	20	30	20	110
專員	250	100	120	40	510
祕書	100	60	70	20	250
作用中邊際	610	450	620	250	1930

　　對應表實際上就是交叉表，行與列交叉的單元格顯示為人數，行與列的「作用中邊際」，顯示於最右方與最下方的總人數。

■模型摘要表

　　模型摘要表是關鍵結果之一，以下考察其重點。

摘要

維度	特異值	慣性	卡方檢定	顯著性	慣性比例		信賴特異性	
					歸因於	累加	標準差	相關性 2
1	.273	.075			.878	.878	.022	.020
2	.100	.010			.118	.995	.024	
3	.020	.000			.005	1.000		
總計		.085	164.416	.000ᵃ	1.000	1.000		

a. 12 自由度

　　此表類似於因子分析的「解說總變異數量」，第一欄「維度」較抽象，可以理解為因子分析的因子，第 2-5 欄分別為特異值、慣性、卡方檢定及顯著性，隨後給出各個維度所能解釋兩個變量關係的百分比。

　　首先來看卡方檢定的結果，卡方值 = 164.416，顯著性 = 0.000 < 0.01，表明此次分析的兩個名義變量：職位和吸菸程度不完全獨立，存在一定關係，這和前面交叉表卡方檢定結果一致。

　　卡方檢定通過之後，再來解讀對應分析的其他結果更有意義。

　　摘要表數據說明，前兩個維度累積慣量可解釋 99.5% 的信息，效果非常不錯，此次分析算是成功。

■列／欄點數概觀

列點數概觀 [a]

| 職位 | 聚集 | 維度中的分數 | | 慣性 | 要素項 | | | | |
| | | 1 | 2 | | 點到維度的慣性 | | 維度到點的慣性 | | |
					1	2	1	2	總計
課長	.093	-.495	-.769	.012	.084	.551	.526	.465	.991
股長	.456	-.446	.183	.026	.331	.152	.942	.058	1.000
經理	.057	.126	-.612	.003	.003	.214	.092	.800	.893
專員	.264	.728	-.034	.038	.512	.003	.999	.001	1.000
祕書	.130	.385	.249	.006	.070	.081	.865	.133	.999
作用中總計	1.000			.085	1.000	1.000			

a. 對稱常態化

欄點數概觀 [a]

| 吸菸 | 聚集 | 維度中的分數 | | 慣性 | 要素項 | | | | |
| | | 1 | 2 | | 點到維度的慣性 | | 維度到點的慣性 | | |
					1	2	1	2	總計
從不	.316	.752	-.096	.049	.654	.029	.994	.006	1.000
輕度	.233	-.190	.446	.007	.031	.463	.327	.657	.984
中度	.321	.375	.023	.013	.166	.002	.982	.001	.983
重度	.130	.552	-.625	.016	.150	.506	.684	.310	.995
作用中總計	1.000			.085	1.000	1.000			

a. 對稱常態化

　　這兩個表格主要輸出各類別在各維度上的得分，而後續最重要的對應圖，將依據這兩組維度得分進行繪製。

■對應圖

對應分析關鍵結果之一，考察如下。

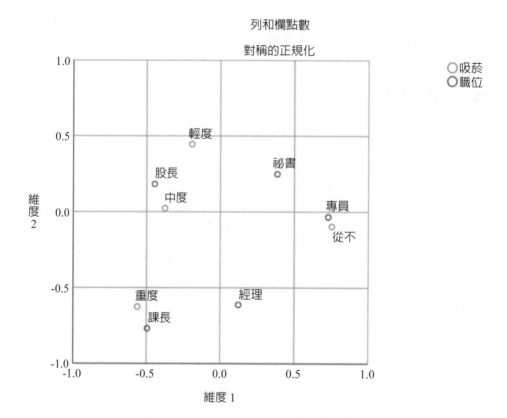

列和欄點數

對稱的正規化

模型摘要表中，我們已經確認前兩個維度解釋能力很棒，那麼 SPSS 軟體預設將採用這兩個維度的得分製作二維散點圖，也就是現在的對應圖。

此時我們可以看到，不同職位的 5 個類別和吸菸程度的 4 個類別被標記為不同的顏色進行區分，職位點和吸菸點間距離有遠有近，距離的遠近包含了它們之間的關係。

總體觀察來看，容易發現股長和中度距離較近，可以理解為股長多為中度吸菸；而專員和從不吸菸的距離比較近，說明專員很少吸菸。此外課長和重度吸菸較近，說明這個級別的員工重度吸菸居多。

整理本例分析的對應圖顯示如下。

列和欄點數

對稱的正規化

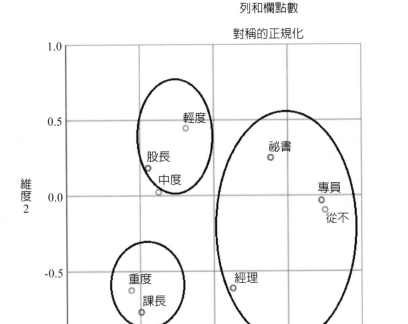

以維度 1 的原點為界，吸菸程度中的輕度、中度、重度均在左側，而從不吸菸則單獨出現在右側，說明從不吸菸和其他三種類別區別較大，與此對應的是，經理、專員、秘書這三個職位也集中在右側，可以理解為職位較高的人最有可能是從不吸菸。採用同樣的方式，容易發現股長與輕度和中度吸菸距離較近，課長與重度吸菸距離較近。

Note

第 1 章
對應分析的概要

本章內容

1.1 交叉表的解析

　　對應分析可以看成是交叉表的圖形化，對應分析的主要作用是用圖形化的方式表達分類變量之間的關系。對應分析主要應用於產品地位、品牌研究、市場細分、競爭分析、廣告研究等領域，因為它是一種圖形化的數據分析方法，它能夠將幾組看似沒有關系的數據，通過視覺上可以接受的定位圖形展現出來。

例題 1-1

　　針對酒類飲料實施以下的意見調查。
（詢問 1）請從以下之中選出最喜歡的酒類飲料。
　　　　　　日本酒　　啤酒　　葡萄酒　　清酒
（詢問 2）請從以下之中選出符合的年齡。
　　　　　　20～29　30～39　40～49　50～59　60 以上
　　將此意見調查的結果進行交叉累計，得出如下的交叉表。交叉表之中的數值表示人數，總回答人數 n = 500（人）。

酒類飲料的種類

年齡	日本酒	啤酒	葡萄酒	清酒	合計
20～29	15	45	27	23	110
30～39	17	30	48	25	120
40～49	20	10	26	44	100
50～59	36	10	20	24	90
60 以上	40	5	8	27	80
合計	128	100	129	143	500

(1)試以圖形表現交叉表的結果。
(2)試對交叉表應用 χ^2 檢定。

1.1.1 交叉表的圖表化

　　本例題的交叉表稱為分割表。分割表的圖表化，可以利用以下的圖形：

① 堆積圖　② 立體圖　③ 長條圖

■利用堆積圖的視覺化

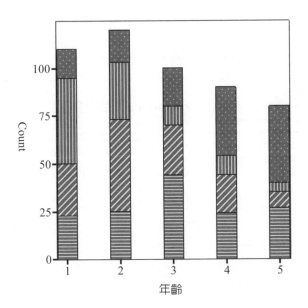

Bars show counts

■利用立體圖的視覺化

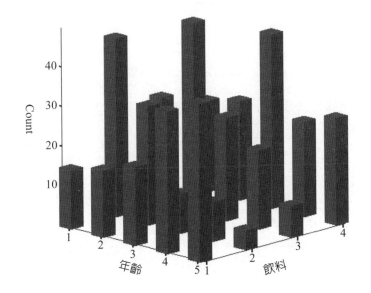

■利用長條圖的視覺化

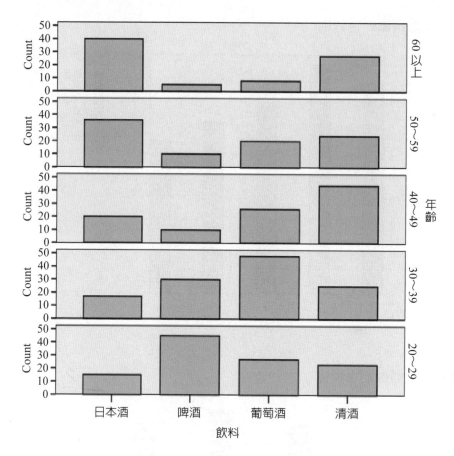

Cases weighted by 人數

從這些圖形可以解讀 20 世代喜歡啤酒，30 世代喜歡葡萄酒，40 世代喜歡清酒，50 世代以上喜歡日本酒。

 Tea Break

對應分析可以解讀年輕人的喜好。

1.1.2 χ^2（卡方）檢定

　　試對本例題的交叉表應用 χ^2 檢定。利用此檢定，即可以統計的方式檢討年齡與酒類飲料的關聯性。

■χ^2 檢定的應用

Chi-Square Tests

	Value	df	Asymp. Sig. (2-sided)
Pearson Chi-Square	112.653ᵃ	12	.000
Likelihood Ratio	109.253	12	.000
Linear-by-Linear Association	3.787	1	.052
N of Valid Cases	500		

a. 0 cells (.0%) have expected count less than 5. The minimum expected count is 16.00.

　　如注意「Pearson 卡方欄」的「漸近顯著機率（雙邊）」之值時，讀出 0.000 的數值。

$$P \text{ 值} = 0.000 < 0.05$$

　　因之，被判定顯著。亦即，酒類飲料的嗜好因年齡可以說有差異。

■已調整殘差（adjusted residual）的檢討

　　只是 χ^2 檢定的結果，是否依年齡而有差異並不得而知。因此，要檢討已調整殘差。

年齡 * 飲料 Crosstabulation

Adjusted Residual

		飲料			
		日本酒	啤酒	葡萄酒	清酒
年齡	20-29	-3.3	6.2	-.3	-2.0
	30-39	-3.3	1.6	4.1	-2.2
	40-49	-1.4	-2.8	.1	3.8
	50-59	3.5	-2.3	-.9	-.4
	60以上	5.5	-3.4	-3.5	1.1

　　第 i 列第 j 欄的已調整殘差表示成 d_{ij} 時，d_{ij} 近似地服從平均為 0，標準差

為 1 的常態分配。因此，d_{ij} 的絕對值比 1.96 大，即被判定殘差是顯著的。

符號如果是正，則解讀具有多的特徵，如果是負，則解讀為具有少的特徵。因此，為了容易掌握特徵，將先前已調整殘差之表，試著改寫成如下的表。此表中，d_{ij} 大於 1.96 的地方表示成＋，小於 1.96 的地方表示成－。

年齡	日本酒	啤酒	葡萄酒	清酒
20～29	－	＋		－
30～39	－		＋	
40～49		－		＋
50～59	＋	－		
60 以上	＋	－		

由此表可以瞭解以下事項。
- 20 世代喜歡啤酒的人多。喜歡日本酒與清酒的人少。
- 30 世代喜歡葡萄酒的人多。喜歡日本酒的人少。
- 40 世代喜歡清酒的人多。喜歡啤酒的人少。
- 50 世代喜歡日本酒的人多。喜歡啤酒的人少。
- 60 歲以上喜歡日本酒的人多。喜歡啤酒與葡萄酒的人少。

■關於已調整殘差

χ^2 檢定最初是從計算期待次數開始。所謂期待次數如本例題，在年齡與酒類飲料的喜好無關（獨立），亦即假定對酒類飲料的喜好不因年齡而有差異時所期待的人數。

年齡 ＊ 飲料 Crosstabulation

Expected Count

		飲料				Total
		日本酒	啤酒	葡萄酒	清酒	
年齡	20-29	28.2	22.0	28.4	31.5	110.0
	30-39	30.7	24.0	31.0	34.3	120.0
	40-49	25.6	20.0	25.8	28.6	100.0
	50-59	23.0	18.0	23.2	25.7	90.0
	60以上	20.5	16.0	20.6	22.9	80.0
Total		128.0	100.0	129.0	143.0	500.0

此期待次數與實測次數（實際所得的之次數）之差稱為殘差。

$$殘差\ e_{ij} = 實測次數\ n_{ij} - 期待次數\ t_{ij}$$

年齡 ＊飲料 Crosstabulation

Residual

		飲料			
		日本酒	啤酒	葡萄酒	清酒
年齡	20-29	-13.2	23.0	-1.4	-8.5
	30-39	-13.7	6.0	17.0	-9.3
	40-49	-5.6	-10.0	.2	15.4
	50-59	13.0	-8.0	-3.2	-1.7
	60以上	19.5	-11.0	-12.6	4.1

將殘差 e_{ij} 以期待次數的平方根除之稱爲標準化殘差。

$$標準化殘差\ m_{ij} = 殘差\ e_{ij} / \sqrt{t_{ij}}$$

年齡 ＊飲料 Crosstabulation

Std. Residual

		飲料			
		日本酒	啤酒	葡萄酒	清酒
年齡	20-29	-2.5	4.9	-.3	-1.5
	30-39	-2.5	1.2	3.1	-1.6
	40-49	-1.1	-2.2	.0	2.9
	50-59	2.7	-1.9	-.7	-.3
	60以上	4.3	-2.8	-2.8	.9

將標準化殘差 m_{ij} 之值平方再合計即爲 χ^2 值。

並且，將 m_{ij} 之值除以 m_{ij} 的變異數 V_{ij} 的平方根所得之值即爲已調整殘差 d_{ij}。

$$已調整殘差\ d_{ij} = 標準化殘差\ m_{ij} / \sqrt{V_{ij}}$$

此處，$V_{ij} = \left(1 - \dfrac{n_{i\cdot}}{n}\right)\left(1 - \dfrac{n_{\cdot j}}{n}\right)$

其中 n_i 是第 i 列次數的合計

　　　$n_{\cdot j}$ 是第 j 欄次數的合計

　　　N 是次數的總計

1.1.3 利用 SPSS 的檢定步驟

步驟 1 資料的輸入
〔形式 1〕 分割表資料（已累計之資料）時

	年齡	飲料	人數	var
1	1	1	15	
2	1	2	45	
3	1	3	27	
4	1	4	23	
5	2	1	17	
6	2	2	30	
7	2	3	48	
8	2	4	25	
9	3	1	20	
10	3	2	10	
11	3	3	26	
12	3	4	44	
13	4	1	36	
14	4	2	10	
15	4	3	20	
16	4	4	24	
17	5	1	40	
18	5	2	5	
19	5	3	8	
20	5	4	27	

Tea Break

（註 1）要注意並非照分割表的方式輸入。
（註 2）「人數」此名稱之變數，是表示次數的變數，因之要宣言是「次數變
數」，利用工具列清單的〔資料〕→〔觀察值加權〕。

〔形式 2〕 原始資料（累計前之資料）時

	年齡	飲料	var
1	1	1	
2	1	1	
3	1	1	
4	1	1	
5	1	1	
6	1	1	
7	1	1	
8	1	1	
9	1	1	
10	1	1	
11	1	1	
12	1	1	
13	1	1	
14	1	1	
15	1	1	
16	1	2	
17	1	2	
18	1	2	
19	1	2	
20	1	2	
21	1	2	
22	1	2	
23	1	2	
24	1	2	
25	1	2	

步驟 2 數值標記的設定
使用變數檢視的數值標記的機能，對如下數值加上標記。
〔年齡的情形〕
1 → 20～29
2 → 30～39

　　　3 → 40～49
　　　4 → 50～59
　　　5 → 60 以上
　〔飲料的情形〕
　　　1 → 日本酒
　　　2 → 啤酒
　　　3 → 葡萄酒
　　　4 → 清酒
步驟 3　分析的執行
①〔分析〕→〔敘述統計〕→〔交叉表〕。

　　此處〔列〕指定「年齡」，〔欄〕指定「飲料」。

② 按一下〔統計資料〕，勾選〔卡方檢定〕。

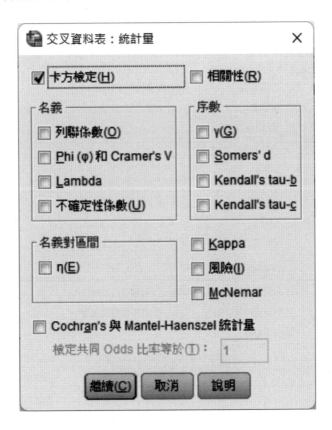

按一下〔繼續〕。

③ 按一下〔資料格〕，勾選〔調整的標準化〕。

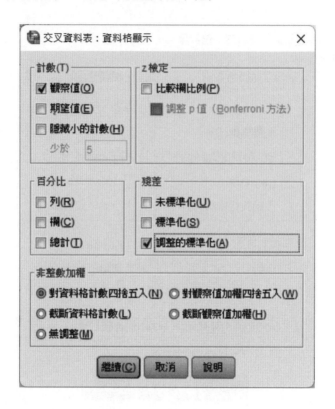

按一下〔繼續〕。

④ 按一下〔確定〕。

即輸出 χ^2 檢定之結果與已調整殘差。

年齡 * 飲料交叉列表

			飲料				總計
			日本酒	啤酒	葡萄酒	清酒	
年齡	20-29	計數	15	45	27	23	110
		調整後殘差	-3.3	6.2	-.3	-2.0	
	30-39	計數	17	30	48	25	120
		調整後殘差	-3.3	1.6	4.1	-2.2	
	40-49	計數	20	10	26	44	100
		調整後殘差	-1.4	-2.8	.1	3.8	
	50-59	計數	36	10	20	24	90
		調整後殘差	3.5	-2.3	-.9	-.4	
	60 以上	計數	40	5	8	27	80
		調整後殘差	5.5	-3.4	-3.5	1.1	
總計		計數	128	100	129	143	500

卡方檢定

	值	df	漸近顯著性（兩端）
Pearson 卡方檢定	112.653[a]	12	.000
類似比	109.253	12	.000
線性對線性關聯	3.787	1	.052
有效觀察值個數	500		

a. 0 單元（0.0%）預期計數小於 5。預期的計數下限為 16.00。

1.2 對應分析之實際

下表是例題 1-1 中的交叉表，試對此交叉表應用對應分析。

酒類飲料的種類

年齡	日本酒	啤酒	葡萄酒	清酒	合計
20～29	15	45	27	23	110
30～39	17	30	48	25	120
40～49	20	10	26	44	100
50～59	36	10	20	24	90
60 以上	40	5	8	27	80
合計	128	100	129	143	500

1.2.1 交叉表的對應分析

對應分析（correspondence analysis；略稱為 CA 或 CORA），是針對以下的資料表所應用的解析手法。

①交叉表

②01 型資料表

③項目類別型資料表

本書將應用於③的對應分析稱為多重對應分析（multiple correspondence analysis），與應用於①、②的對應分析（correspondence analysis）有所區別。

日本有稱為數量化理論的解析手法是被廣泛應用在意見調查資料的解析上。數量化理論有 I 類、II 類、III 類、V 類，對應分析是等同於第 III 類。

本例題是舉出對應分析應用在交叉表的例子。如實施對應分析時，可得出以下所示的分析結果。

■佈置圖

① 列點圖

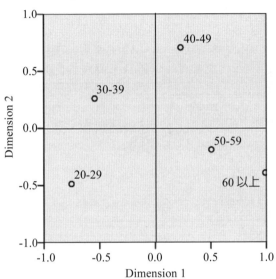

相近之列的類別之間，
欄的分配相似。

② 欄點圖

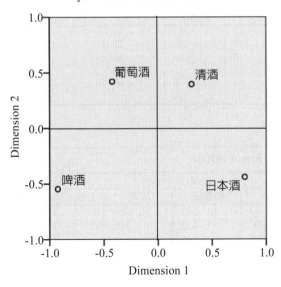

相近之欄的類別之間，
列的分配相似。

③ 列點與欄點的雙軸圖

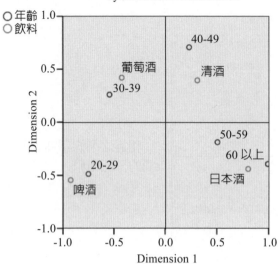

Symmetrical Normalization

如注視某一欄中的某一類時,發現列的類別中接近該類者,其呈現高的比率。並且,若列的類別中遠離該類者,則呈現低的比率。

■對應表

所謂對應表(correspondence table)是指成為對應分析對象的二元表。

Correspondence Table

年齡	飲料				Active Margin
	日本酒	啤酒	葡萄酒	清酒	
20-29	15	45	27	23	110
30-39	17	30	48	25	120
40-49	20	10	26	44	100
50-59	36	10	20	24	90
60以上	40	5	8	27	80
Active Margin	128	100	129	143	500

■剖面與距離

Row Profiles

年齡	飲料				Active Margin
	日本酒	啤酒	葡萄酒	清酒	
20-29	.136	.409	.245	.209	1.000
30-39	.142	.250	.400	.208	1.000
40-49	.200	.100	.260	.440	1.000
50-59	.400	.111	.222	.267	1.000
60以上	.500	.063	.100	.338	1.000
Mass	.256	.200	.258	.286	

列剖面是表示交叉表中列的合計當作 100% 的二元表。

此處，試考察列的類別間之距離看看。考察年齡是「20～29」與「30～39」的距離。首先，通常的歐幾里得距離以如下來計算。

$$\sqrt{(0.136-0.142)^2+(0.409-0.250)^2+(0.245-0.400)^2+(0.209-0.208)^2} = 0.222$$

對應分析是考慮將歐幾里得距離以平均剖面（mass）修正後的加權距離。

$$\sqrt{\frac{(0.136-0.142)^2}{0.256}+\frac{(0.409-0.250)^2}{0.200}+\frac{(0.245-0.400)^2}{0.258}+\frac{(0.209-0.208)^2}{0.286}} = 0.469$$

此距離稱為 χ^2 距離。

Column Profiles

年齡	飲料				Mass
	日本酒	啤酒	葡萄酒	清酒	
20-29	.117	.450	.209	.161	.220
30-39	.133	.300	.372	.175	.240
40-49	.156	.100	.202	.308	.200
50-59	.281	.100	.155	.168	.180
60以上	.313	.050	.062	.189	.160
Active Margin	1.000	1.000	1.000	1.000	

欄剖面是以欄的合計當作 100% 所表示的二元表。

欄的類別間的 χ^2 距離，譬如「日本酒」與「啤酒」的 χ^2 距離，如下加以計算。

$$\sqrt{\frac{(0.117-0.450)^2}{0.220}+\frac{(0.133-0.300)^2}{0.240}+\frac{(0.156-0.100)^2}{0.200}+\frac{(0.281-0.100)^2}{0.180}+\frac{(0.313-0.050)^2}{0.160}}$$

$$= 1.118$$

■慣性（概化變異數）與次元

Summary

Dimension	Singular Value	Inertia	Chi Square	Sig.	Proportion of Inertia	
					Accounted for	Cumulative
1	.409	.167			.743	.743
2	.199	.040			.177	.919
3	.135	.018			.081	1.000
Total		.225	112.653	.000ª	1.000	1.000

a. 12 degrees of freedom

① 奇異值→列點與欄點的相關係數＝特徵值的平方根
② 概化變異數（inertia）→ 各點離原點的分散程度＝特徵值

$$※(奇異值)^2 = 概化變異數$$

③ 概化變異數的貢獻率→表示各次元（各主軸）說明原本的資訊的幾成。
　由上述的結果，知以一次元可以說明原本的交叉表具有資訊的 74.3%。一般，合計 100% 的最大次元數是：

$$（交叉表中列數與欄數較少一方的數目）-1$$

　概化變異數的合計值與 χ^2 值之間，成立如下的關係：

$$概化變異數的合計值 \times 總次數 n = \chi^2 值$$

　概化變異數的合計值，可以使用列剖面與欄剖面的數值求出，此事說明如下。
　從列剖面，求各列與平均剖面（mass）之 χ^2 距離的平方。
　「20～29」與 mass 之 χ^2 距離的平方是：

$$\frac{(0.136-0.256)^2}{0.256}+\frac{(0.409-0.200)^2}{0.200}+\frac{(0.245-0.258)^2}{0.258}+\frac{(0.209-0.286)^2}{0.286}=0.296$$

　「30～39」與 mass 之 χ^2 距離的平方是：

$$\frac{(0.142-0.256)^2}{0.256}+\frac{(0.250-0.200)^2}{0.200}+\frac{(0.400-0.258)^2}{0.258}+\frac{(0.208-0.286)^2}{0.286}=0.163$$

　「40～49」與 mass 之 χ^2 距離的平方是：

$$\frac{(0.200-0.256)^2}{0.256}+\frac{(0.100-0.200)^2}{0.200}+\frac{(0.260-0.258)^2}{0.258}+\frac{(0.440-0.286)^2}{0.286}=0.145$$

「50～59」與 mass 之 χ^2 距離的平方是：

$$\frac{(0.400-0.256)^2}{0.256}+\frac{(0.111-0.200)^2}{0.200}+\frac{(0.222-0.258)^2}{0.258}+\frac{(0.267-0.286)^2}{0.286}=0.127$$

「60 以上」與 mass 之 χ^2 距離的平方是：

$$\frac{(0.500-0.256)^2}{0.256}+\frac{(0.063-0.200)^2}{0.200}+\frac{(0.100-0.258)^2}{0.258}+\frac{(0.338-0.286)^2}{0.286}=0.433$$

以上的 χ^2 距離的平方乘上欄剖面中各列的 mass 之值再合計。

$0.296 \times 0.220 + 0.163 \times 0.240 + 0.145 \times 0.200 + 0.127 \times 0.180 + 0.433 \times 0.160$
$= 0.065 + 0.039 + 0.029 + 0.023 + 0.069$
$= 0.225$

　可得出概化變異數的合計值。由此事得知，概化變異數與距離有著強烈的關係。

■橫列點與直欄點

Overview Row Points[a]

年齡	Mass	Score in Dimension		
		1	2	3
20-29	.220	-.752	-.487	.354
30-39	.240	-.543	.261	-.462
40-49	.200	.231	.707	.419
50-59	.180	.505	-.188	-.337
60以上	.160	.991	-.393	.061
Active Total	1.000			

a. Symmetrical normalization

Overview Column Points[a]

飲料	Mass	Score in Dimension		
		1	2	3
日本酒	.256	.801	-.440	-.223
啤酒	.200	-.925	-.546	.237
葡萄酒	.258	-.423	.421	-.457
清酒	.286	.311	.396	.446
Active Total	1.000			

a. Symmetrical normalization

列與欄的佈置圖，依據橫列點與直欄點即可製作。橫列點與直欄點之值在點數的常態化的方式是不同的。常態化的方法有以下 4 種方法：

①對稱的常態化
②列主體常態化
③欄主體常態化
④主成分常態化

此處，利用對稱的常態化計算點數（score）。關於常態化的方法容後述。

■貢獻率

Overview Row Points[a]

年齡	Mass	Inertia	Of Point to Inertia of Dimension			Of Dimension to Inertia of Point			Total
			1	2	3	1	2	3	
20-29	.220	.065	.304	.262	.204	.783	.160	.057	1.000
30-39	.240	.039	.173	.082	.379	.740	.083	.176	1.000
40-49	.200	.029	.026	.501	.261	.151	.686	.163	1.000
50-59	.180	.023	.112	.032	.152	.824	.056	.121	1.000
60以上	.160	.069	.384	.124	.004	.928	.071	.001	1.000
Active Total	1.000	.225	1.000	1.000	1.000				

a. Symmetrical normalizati

① 概化變異數　　　　　→ 按各列分解概化變異數之值
② 點對維度的概化變異數 → 絕對貢獻度
　　　　　　　　　　　　＝ 一個維度被各列說明的比率
③ 維度對點的概化變異數 → 相對貢獻度
　　　　　　　　　　　　＝ 一個列被各維度說明的比率

Overview Column Points[a]

飲料	Mass	Inertia	Of Point to Inertia of Dimension			Of Dimension to Inertia of Point			Total
			1	2	3	1	2	3	
日本酒	.256	.079	.402	.248	.094	.853	.125	.022	1.000
啤酒	.200	.083	.418	.299	.084	.839	.143	.018	1.000
葡萄酒	.258	.035	.113	.229	.400	.535	.258	.206	1.000
清酒	.286	.028	.068	.224	.422	.405	.320	.275	1.000
Active Total	1.000	.225	1.000	1.000	1.000				

a. Symmetrical normalizati

④ 概化變異數　　　　　→ 按各欄分解概化變異數之值
⑤ 點對維度的概化變異數 → 絕對貢獻度
　　　　　　　　　　　　＝ 一個維度被各列說明的比率
⑥ 維度對點的概化變異數 → 相對貢獻度
　　　　　　　　　　　　＝ 一個列被各維度說明的比率

1.2.2 常態化的方法

對應分析中橫列點與直欄點之值，依點數的常態化的方式而有不同。此處就常態化的方法，敘述各自的特徵。

■對稱的常態化

在想調查列及欄的類別間之差或類似性的狀況中使用，並且，對列與欄的關係最有興趣。

使列及欄的點數的平方和成為 n×（特異值）進行常態化。

Overview Row Points[a]

年齡	Mass	Score in Dimension 1	2	3
20-29	.220	-.752	-.487	.354
30-39	.240	-.543	.261	-.462
40-49	.200	.231	.707	.419
50-59	.180	.505	-.188	-.337
60以上	.160	.991	-.393	.061
Active Total	1.000			

a. Symmetrical normalization

Overview Column Points[a]

飲料	Mass	Score in Dimension 1	2	3
日本酒	.256	.801	-.440	-.223
啤酒	.200	-.925	-.546	.237
葡萄酒	.258	-.423	.421	-.457
潽酒	.286	.311	.396	.446
Active Total	1.000			

a. Symmetrical normalization

〔列點數的平方和的計算〕

1 維度

$(-0.752)^2 \times 110 + (-0.543)^2 \times 120 + 0.231^2 \times 100 + 0.505^2 \times 90 + 0.991^2 \times 80$
$= 500 \times$（1 維度的特異值）

2 維度

$(-0.487)^2 \times 110 + 0.261^2 \times 120 + 0.707^2 \times 100 + (-0.188)^2 \times 90 + (-0.393)^2 \times 80$
$= 500 \times$（2 維度的特異值）

3 維度

$0.354^2 \times 110 + (-0.462)^2 \times 120 + 0.419^2 \times 100 + (-0.337)^2 \times 90 + 0.061^2 \times 80$
$= 500 \times$（3 維度的特異值）

〔欄點數的平方和的計算〕

1 維度

$0.801^2 \times 128 + (-0.925)^2 \times 100 + (-0.423)^2 \times 129 + 0.311^2 \times 143$
$= 500 \times$（1 維度的特異值）

2 維度

$(-0.440)^2 \times 128 + (-0.546)^2 \times 100 + 0.421^2 \times 129 + 0.396^2 \times 143$
$= 500 \times$（2 維度的特異值）

3 維度

$(-0.223)^2 \times 128 + 0.237^2 \times 100 + (-0.457)^2 \times 129 + 0.446^2 \times 143$
$= 500 \times$（3 維度的特異值）

■列主體常態化

只是想調查列的類別間之差或類似性的狀況中使用。

使列的點數的平方和成為 n×（概化變異數），使欄的點數的平方和成為 n 加以常態化。

Overview Row Points[a]

年齡	Mass	\multicolumn{3}{c}{Score in Dimension}		
		1	2	3
20-29	.220	-.481	-.218	.130
30-39	.240	-.347	.116	-.170
40-49	.200	.148	.316	.154
50-59	.180	.323	-.084	-.124
60以上	.160	.634	-.175	.022
Active Total	1.000			

a. Row Principal normalization

Overview Column Points[a]

飲料	Mass	Score in Dimension		
		1	2	3
日本酒	.256	1.253	-.984	-.607
啤酒	.200	-1.446	-1.222	.646
葡萄酒	.258	-.661	.942	-1.245
清酒	.286	.486	.886	1.215
Active Total	1.000			

a. Row Principal normalization

〔列點數的平方和的計算〕

1 維度

$(-0.481)^2 \times 110 + (-0.347)^2 \times 120 + 0.148^2 \times 100 + 0.323^2 \times 90 + 0.634^2 \times 80$
$= 500 \times （1 維度的特異值）$

2 維度

$(-0.218)^2 \times 110 + 0.116^2 \times 120 + 0.316^2 \times 100 + (-0.084)^2 \times 90 + (-0.175)^2 \times 80$
$= 500 \times （2 維度的特異值）$

3 維度

$0.130^2 \times 110 + (-0.170)^2 \times 120 + 0.154^2 \times 100 + (-0.124)^2 \times 90 + 0.022^2 \times 80$
$= 500 \times （3 維度的特異值）$

〔列點數的平方和的計算〕

1 維度

$1.253^2 \times 128 + (-1.446)^2 \times 100 + (-0.661)^2 \times 129 + 0.486^2 \times 143$
$= 500 = n$

2 維度

$(-0.984)^2 \times 128 + (-1.222)^2 \times 100 + 0.942^2 \times 129 + 0.886^2 \times 143$
$= 500 = n$

3 維度

$(-0.607)^2 \times 128 + 0.646^2 \times 100 + (-1.245)^2 \times 129 + 1.215^2 \times 143$
$= 500 = n$

■欄主體常態化

只想調查欄的類別間之差或類似性的狀況中使用。

使列的點數的平方和成為 n，欄的點數的平方和成為 n×（概化變異數）加以常態化。

Overview Row Points[a]

年齡	Mass	Score in Dimension 1	2	3
20-29	.220	-1.176	-1.091	.963
30-39	.240	-.849	.584	-1.257
40-49	.200	.362	1.582	1.142
50-59	.180	.790	-.421	-.918
60以上	.160	1.550	-.879	.166
Active Total	1.000			

a. Column Principal normalization

Overview Column Points[a]

飲料	Mass	Score in Dimension 1	2	3
日本酒	.256	.512	-.196	-.082
啤酒	.200	-.591	-.244	.087
葡萄酒	.258	-.271	.188	-.168
清酒	.286	.199	.177	.164
Active Total	1.000			

a. Column Principal normalization

〔列點數的平方和的計算〕

1 維度

$(-1.176)^2 \times 110 + (-0.849)^2 \times 120 + 0.362^2 \times 100 + 0.790^2 \times 90 + 1.550^2 \times 80$
$= 500 = n$

2 維度

$(-1.091)^2 \times 110 + 0.584^2 \times 120 + 1.582^2 \times 100 + (-0.421)^2 \times 90 + (-0.879)^2 \times 80$
$= 500 = n$

3 維度

$0.963^2 \times 110 + (-1.257)^2 \times 120 + 1.142^2 \times 100 + (-0.918)^2 \times 90 + 0.166^2 \times 80$
$= 500 = n$

〔欄點數的平方和的計算〕

1 維度

$0.512^2 \times 128 + (-0.591)^2 \times 100 + (-0.271)^2 \times 129 + 0.199^2 \times 143$
$= 500 \times （1 維度的概化變異數）$

2 維度

$(-0.196)^2 \times 128 + (-0.244)^2 \times 100 + 0.188^2 \times 129 + 0.177^2 \times 143$
$= 500 \times （2 維度的概化變異數）$

3 維度

$(-0.082)^2 \times 128 + 0.087^2 \times 100 + (-0.168)^2 \times 129 + 0.164^2 \times 143$
$= 500 \times （3 維度的概化變異數）$

■主體常態化

想調查列及欄的類別間的差或類似性的狀況中使用。

使列及欄的點數的平方和成為 n×（概化變異數）加以常態化。

Overview Row Points[a]

年齡	Mass	Score in Dimension		
		1	2	3
20-29	.220	-.481	-.218	.130
30-39	.240	-.347	.116	-.170
40-49	.200	.148	.316	.154
50-59	.180	.323	-.084	-.124
60以上	.160	.634	-.175	.022
Active Total	1.000			

a. Principal normalization

Overview Column Points[a]

飲料	Mass	Score in Dimension		
		1	2	3
日本酒	.256	.512	-.196	-.082
啤酒	.200	-.591	-.244	.087
葡萄酒	.258	-.271	.188	-.168
清酒	.286	.199	.177	.164
Active Total	1.000			

a. Principal normalization

〔列點數的平方和的計算〕

1 維度

$(-0.481)^2 \times 110 + (-0.347)^2 \times 120 + 0.148^2 \times 100 + 0.323^2 \times 90 + 0.634^2 \times 80$

$= 500 \times$（1 維度的概化變異數）

2 維度

$(-0.218)^2 \times 110 + 0.116^2 \times 120 + 0.316^2 \times 100 + (-0.084)^2 \times 90 + (-0.175)^2 \times 80$

$= 500 \times$（2 維度的概化變異數）

3 維度

$0.130^2 \times 110 + (-0.170)^2 \times 120 + 0.154^2 \times 100 + (-0.124)^2 \times 90 + 0.022^2 \times 80$

$= 500 \times$（3 維度的概化變異數）

〔欄點數的平方和的計算〕

1 維度

$0.512^2 \times 128 + (-0.591)^2 \times 100 + (-0.271)^2 \times 129 + 0.199^2 \times 143$

$= 500 \times$（1 維度的概化變異數）

2 維度

$(-0.196)^2 \times 128 + (-0.244)^2 \times 100 + 0.188^2 \times 129 + 0.177^2 \times 143$

$= 500 \times$（2 維度的概化變異數）

3 維度

$(-0.082)^2 \times 128 + 0.087^2 \times 100 + (-0.168)^2 \times 129 + 0.164^2 \times 143$

$= 500 \times$（3 維度的概化變異數）

以上所解說的 4 個常態化之方法，可以整理如下。

4 種常態化與點數的平方和與變異數

	對稱	列主體	欄主體	主成分
列點數的平方和 欄點數的平方和	n× 特異值 n× 特異值	n× 概化變異數 n	n n 概化變異數	n× 概化變異數 n× 概化變異數
列點數的平方和 欄點數的平方和	特異值 特異值	概化變異數 1	1 概化變異數	概化變異數 概化變異數

* SPSS 以外的統計軟體使用主體常態比較多。而且，列點數與欄點數的變異數均成為 1 的也有。
* 主體在日文中稱為主成分。

1.2.3 列主體常態化的佈置圖與點數

■列主體常態化中的佈置圖

使用列主體常態化之點數所得之佈置圖如下。

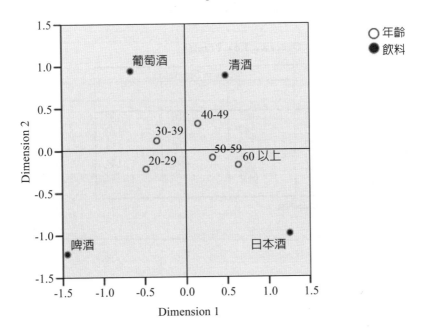

Row and Column Points
Row Principal Normalization

列主體常態比的點數其列的類別間之歐幾里得距離近似 χ^2 距離。

$$\frac{(0.136-0.256)^2}{0.256}+\frac{(0.409-0.200)^2}{0.200}+\frac{(0.245-0.258)^2}{0.258}+\frac{(0.209-0.286)^2}{0.286}=0.296$$

另一方面，依據列點數，「20～29」與原點的歐幾里得距離之平方，即為如下。

$$(-0.481)^2+(-0.218)^2+0.13^2=0.296$$

■列點數與欄點數

在列主成分常態化中的列點數，可以利用列剖面與欄剖面來計算。

Row Profiles

年齡	飲料				
	日本酒	啤酒	葡萄酒	清酒	Active Margin
20-29	.136	.409	.245	.209	1.000
30-39	.142	.250	.400	.208	1.000
40-49	.200	.100	.260	.440	1.000
50-59	.400	.111	.222	.267	1.000
60以上	.500	.063	.100	.338	1.000
Mass	.256	.200	.258	.286	

Overview Row Points[a]

年齡	Mass	Score in Dimension		
		1	2	3
20-29	.220	-.481	-.218	.130
30-39	.240	-.347	.116	-.170
40-49	.200	.148	.316	.154
50-59	.180	.323	-.084	-.124
60以上	.160	.634	-.175	.022
Active Total	1.000			

a. Row Principal normalization

Overview Column Points[a]

飲料	Mass	Score in Dimension		
		1	2	3
日本酒	.256	1.253	-.984	-.607
啤酒	.200	-1.446	-1.222	.646
葡萄酒	.258	-.661	.942	-1.245
潘酒	.286	.486	.886	1.215
Active Total	1.000			

a. Row Principal normalization

1 維度的列點數的計算如下。

「20～29」：

$$1.253 \times 0.136 + (-1.446) \times 0.409 + (-0.661) \times 0.245 + 0.486 \times 0.209 = -0.481$$

「30～39」：

$$1.253 \times 0.142 + (-1.446) \times 0.250 + (-0.661) \times 0.400 + 0.486 \times 0.208 = -0.347$$

「40～49」：

$$1.253 \times 0.200 + (-1.446) \times 0.100 + (-0.661) \times 0.260 + 0.486 \times 0.440 = 0.148$$

「50～59」：

$$1.253 \times 0.400 + (-1.446) \times 0.111 + (-0.661) \times 0.222 + 0.486 \times 0.267 = 0.324$$

「60 以上」：

$$1.253 \times 0.500 + (-1.446) \times 0.063 + (-0.661) \times 0.100 + 0.486 \times 0.338 = 0.634$$

2 維度、3 維度均可同樣計算。

1.2.4 欄主成分常態化的佈置圖與點數

■在欄主成分常態化中的佈置圖

　利用欄主體常態化的點數與佈置圖如下。

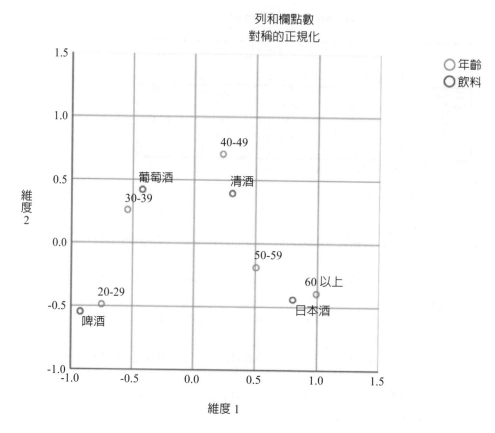

列和欄點數
對稱的正規化

維度 1

利用欄主成分常態比的點數其欄的類別間之歐幾里得距離近似 χ^2 距離。譬如，「日本酒」的原點（mass）之 χ^2 距離的平方，可以如下計算。

$$\frac{(0.117-0.220)^2}{0.220}+\frac{(0.133-0.240)^2}{0.240}+\frac{(0.156-0.200)^2}{0.200}+\frac{(0.810-0.180)^2}{0.180}+\frac{(0.313-0.160)^2}{0.160}=2.457$$

另一方面，根據欄點數「日本酒」與原點的歐幾里得距離的平方，即為如下。

$$0.5122^2+(-0.196)^2+(-0.082)^2=0.307$$

■欄點數與列點數之關係

在欄主成分常態化中的欄點數，可以利用欄列剖面與列剖面使之重現，今說明如下。

Row Profiles

年齡	飲料				
	日本酒	啤酒	葡萄酒	清酒	Active Margin
20-29	.136	.409	.245	.209	1.000
30-39	.142	.250	.400	.208	1.000
40-49	.200	.100	.260	.440	1.000
50-59	.400	.111	.222	.267	1.000
60以上	.500	.063	.100	.338	1.000
Mass	.256	.200	.258	.286	

Overview Row Points[a]

年齡	Mass	Score in Dimension		
		1	2	3
20-29	.220	-1.176	-1.091	.963
30-39	.240	-.849	.584	-1.257
40-49	.200	.362	1.582	1.142
50-59	.180	.790	-.421	-.918
60以上	.160	1.550	-.879	.166
Active Total	1.000			

a. Column Principal normalization

Overview Column Points[a]

飲料	Mass	Score in Dimension		
		1	2	3
日本酒	.256	.512	-.196	-.082
啤酒	.200	-.591	-.244	.087
葡萄酒	.258	-.271	.188	-.168
清酒	.286	.199	.177	.164
Active Total	1.000			

a. Column Principal normalization

1 維度的欄點數的計算如下。
「日本酒」：
$(-1.176) \times 0.117 + (-0.849) \times 0.133 + (0.362) \times 0.156 + 0.790 \times 0.281 + 1.550 \times 0.313 = 0.513$
「啤酒」：
$(-1.176) \times 0.450 + (-0.849) \times 0.300 + 0.362 \times 0.100 + 0.790 \times 0.100 + 1.550 \times 0.050 = -0.591$

「葡萄酒」：

$(-1.176) \times 0.209 + (-0.849) \times 0.372 + 0.362 \times 0.202 + 0.790 \times 0.155 + 1.55 \times 0.062 = -0.270$

「清酒」：

$(-1.176) \times 0.161 + (-0.849) \times 0.175 + 0.362 \times 0.308 + 0.790 \times 0.168 + 1.55 \times 0.189 = 0.199$

2 維度、3 維度的欄點數也能同樣計算。

1.2.5 利用 SPSS 的對應分析的步驟

步驟 1 資料的輸入

〔形式 1〕 分割表資料（累計的資料）之情形

	年齡	飲料	人數	var
1	1	1	15	
2	1	2	45	
3	1	3	27	
4	1	4	23	
5	2	1	17	
6	2	2	30	
7	2	3	48	
8	2	4	25	
9	3	1	20	
10	3	2	10	
11	3	3	26	
12	3	4	44	
13	4	1	36	
14	4	2	10	
15	4	3	20	
16	4	4	24	
17	5	1	40	
18	5	2	5	
19	5	3	8	
20	5	4	27	

〔形式 2〕　原本資料（累計前的原始資料）的情形

	年齡	飲料	var
1	1	1	
2	1	1	
3	1	1	
4	1	1	
5	1	1	
6	1	1	
7	1	1	
8	1	1	
9	1	1	
10	1	1	
11	1	1	
12	1	1	
13	1	1	
14	1	1	
15	1	1	
16	1	2	
17	1	2	
18	1	2	
19	1	2	
20	1	2	
21	1	2	
22	1	2	
23	1	2	
24	1	2	
25	1	2	

Tea Break

（註 1）要注意並非照著分割表的形式輸入。
（註 2）「人數」此名稱的變數，由於是表示次數，因之要宣言是〔次數變數〕，
　　　　工具列清單的〔資料〕→〔觀察值加權〕。

步驟 2　數值標記的設定
　使用變數檢視的數值標記機能，如下設定數值的標記。
　〔年齡的情形〕
　　1 → 20～29
　　2 → 30～39
　　3 → 40～49
　　4 → 50～59
　　5 → 60 以上
　〔飲料的情形〕
　　1 → 日本酒
　　2 → 啤酒
　　3 → 葡萄酒
　　4 → 清酒
步驟 3　分析的執行
①〔分析〕→〔資料縮減〕→〔對應分析〕。

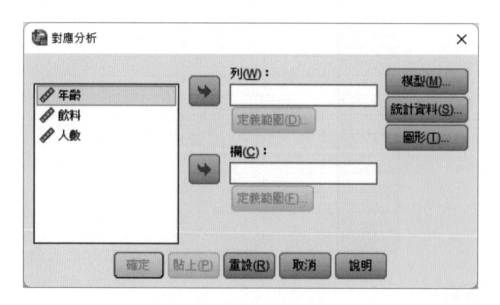

　此處，〔列〕指定「年齡」，〔欄〕指定「飲料」。

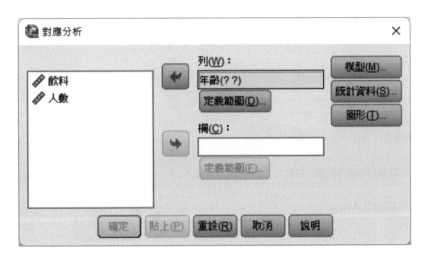

② 按一下〔年齡（??）〕，並且按下〔定義範圍〕。

列變數（年齡）的類別數是 5，因之最小值輸入「1」，最大值輸入「5」，按一下〔更新〕。
再按〔繼續〕。
③ 按一下〔飲料（??）〕，並且按下〔定義範圍〕。

欄變數（飲料）的類別數是 4，因之最小值輸入「1」，最大值輸入「4」，按一下〔更新〕，接著按〔繼續〕。

④ 按一下〔模型〕。

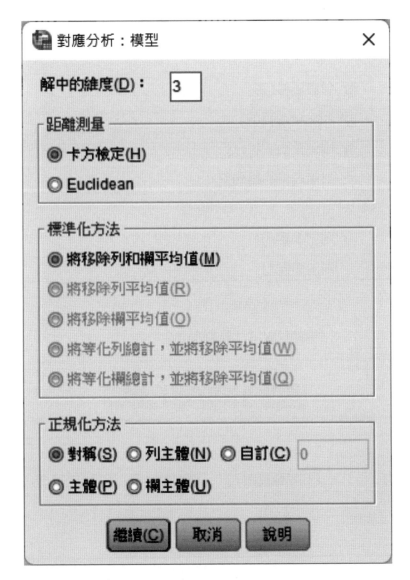

此處〔解中的維度〕是 3（通常大多數為 2），〔正規化方法〕選擇〔對稱〕，按〔繼續〕。

⑤ 按一下〔統計資料〕。

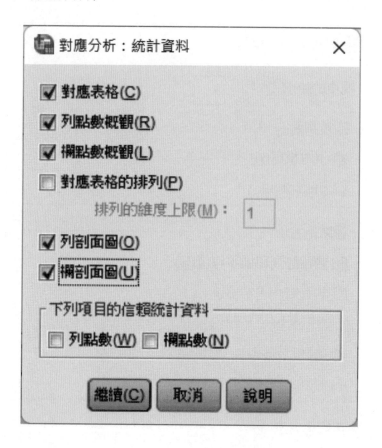

此處如圖勾選：
〔對應表格〕、〔列點數概觀〕、〔欄點數概觀〕、〔列剖面圖〕、〔欄剖面圖〕。
再按〔繼續〕。

⑥ 按一下〔圖形〕。

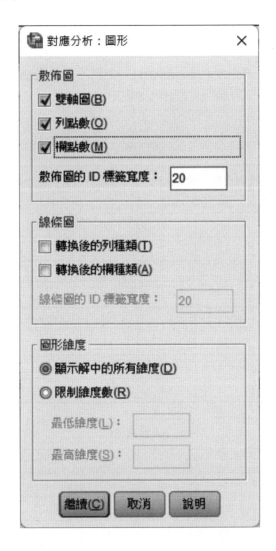

此處勾選：
〔雙軸圖（biplot）〕（列分類與欄分類的同時佈置圖）
〔列點數〕（列分類的佈置圖）
〔欄點數〕（欄分類的佈置圖）
按〔繼續〕。
最後按〔確定〕。
輸出對應分析的結果。

1.3 對應分析的性質與留意點

1.3.1 慣性（概化變異數）與點的分散

在對應分析中，概化變異數（inertia）之值是重要的指標之一。此處，以數值觀察概化變異數與點的分散情形關係。

■ 數值例 1

交叉表①

	C_1	C_2	C_3	C_4	C_5	C_6	C_7
R_1	30	30	33	33	37	37	33
R_2	33	37	30	37	30	33	33
R_3	37	33	37	30	33	30	34

交叉表②

	C_1	C_2	C_3	C_4	C_5	C_6	C_7
R_1	20	20	30	30	50	50	33
R_2	30	50	20	50	30	20	33
R_3	50	30	50	20	20	30	34

交叉表③

	C_1	C_2	C_3	C_4	C_5	C_6	C_7
R_1	5	5	40	85	50	10	33
R_2	40	85	5	5	40	5	33
R_3	55	10	55	10	10	85	34

各交叉表的概化變異數與 χ^2 值如下。

交叉表①　概化變異數 = 0.006，χ^2 值 = 4.457
交叉表②　概化變異數 = 0.120，χ^2 值 = 84.017
交叉表③　概化變異數 = 0.664，χ^2 值 = 464.731

使用 3 個交叉表的列剖面圖的數值，將列的各點描點在三角形的圖形上（ternary plot）時，即為如下。

交叉表①

　概化變異數 = 0.006

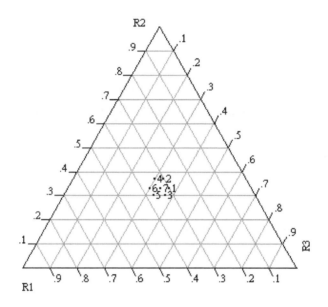

交叉表②

　概化變異數 = 0.120

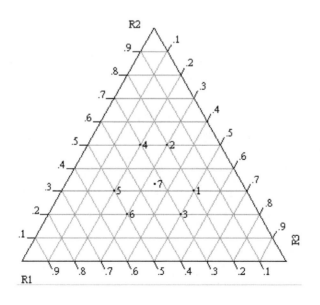

交叉表③

　概化變異數 = 0.664

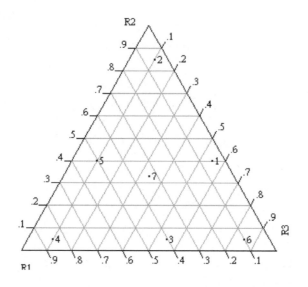

　　從 3 個三角形之圖形來看，可知圖上的各點愈分散地描繪時，其概化變異數之值就愈大。

1.3.2 次數與比率

■數值例 2

　　即使是具有相同剖面圖的交叉表，如次數不同時，對應分析的結果也就不同，是有需要說明的。以數值例說明此事。

交叉表 A

	C_1	C_2	C_3	C_4	C_5	合計
R_1	50	20	15	10	5	100
R_2	300	300	200	100	100	1000
R_3	10	5	30	15	40	100
R_4	20	20	10	40	10	100
計	380	345	255	165	155	1300

交叉表 B

	C_1	C_2	C_3	C_4	C_5	合計
R_1	50	20	15	10	5	100
R_2	60	60	40	20	20	200
R_3	10	5	30	15	40	100
R_4	20	20	10	40	10	100
計	140	105	95	85	75	500

交叉表 A 與 B 均為相同的列剖面。

列剖面

	C_1	C_2	C_3	C_4	C_5	合計
R_1	0.5	0.2	0.15	0.1	0.05	1.00
R_2	0.3	0.3	0.2	0.1	0.1	1.00
R_3	0.1	0.05	0.3	0.15	0.4	1.00
R_4	0.2	0.2	0.1	0.4	0.1	1.00

對交叉表 A 應用對應分析之結果，得出如下的佈置圖。

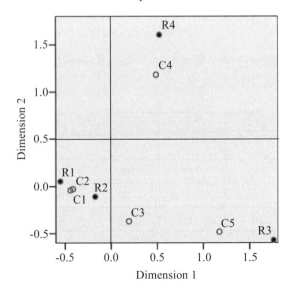

Symmetrical Normalization

對交叉表 B 應用對應分析之結果，得出如下的佈置圖。

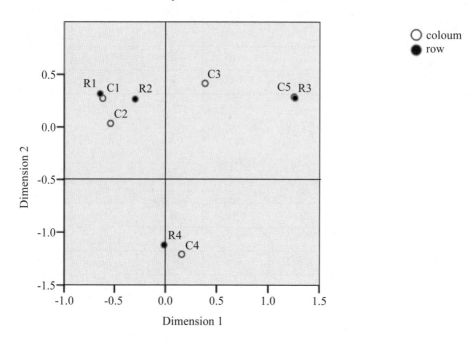

Row and Column Points
Symmetrical Normalization

像這樣，即使具有相同的列剖面的交差表，當次數不同時，利用對應分析所得出的佈置圖也是不同的。

■數值例 3

在一個交叉表中，與欄的分配（欄的比率）相同的列，即有相同的列點數。使用以下的資料以數值例說明此事。

	C_1	C_2	C_3	C_4	C_5	合計
R_1	3	3	2	1	1	10
R_2	300	300	200	100	100	1000
R_3	130	55	85	70	160	500
R_4	20	20	60	70	30	200

此交叉表的列剖面如下。

列剖面

	C_1	C_2	C_3	C_4	C_5	合計
R_1	0.3	0.3	0.2	0.1	0.1	1.00
R_2	0.3	0.3	0.2	0.1	0.1	1.00
R_3	0.26	0.11	0.17	0.14	0.32	1.00
R_4	0.1	0.1	0.3	0.35	0.15	1.00

R1 與 R2 由 C1 到 C5 的比率均為相同之值。此時，R1 與 R2 即為相同的列點數，在圖上即被描點在相同的位置，形成重疊。

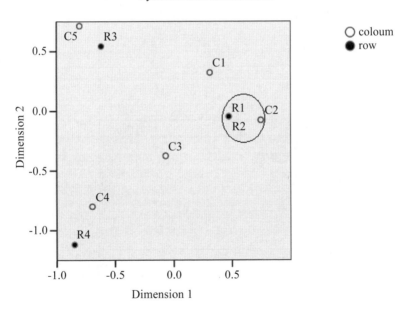

Row and Column Points
Symmetrical Normalization

1.3.3 偏離值的影響

以下的交叉表中，社會人只有在乳酪 D 的地方有次數，乳酪 D 只在社會人的地方才有次數。對於包含有此種列元素與欄元素的交叉表，是應用對應分析。

	乳酪 A	乳酪 B	乳酪 C	乳酪 D
中學生	30	18	13	0
高中生	11	32	12	0
大學生	15	10	38	0
社會人	0	0	0	9

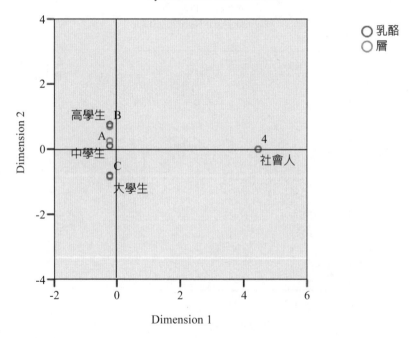

若將社會人與乳酪 D 不計在內，其他的元素欄呈排列在直線上的佈置圖。此種時候，可以觀察 2 維度與 3 維度的佈置圖看看。

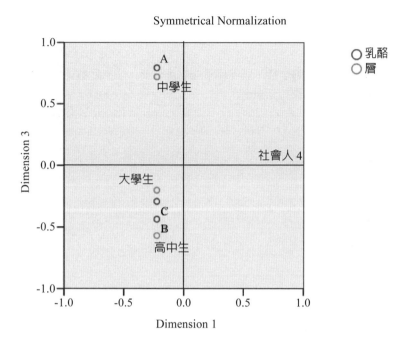

除去社會人與乳酪 D，再次應用對應分析，此時的佈置圖如下。

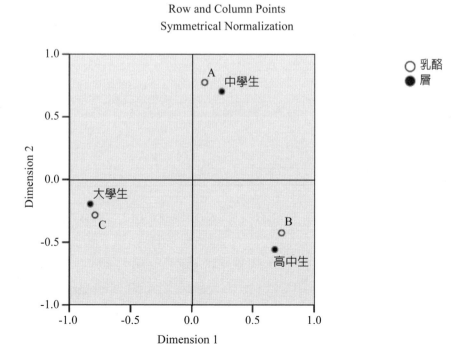

Tea Break

如果牽涉到兩種以上的變數,請使用多重對應分析。如果變數應該以序數方式
測量的話,請使用類別主成分分析。

第 2 章
對應分析的佈置圖

本章內容

2.1 解釋佈置圖時的注意事項

2.1.1 點呈現的類別

■數值例 1

試對以下的交叉表應用對應分析看看。

此交叉表是對以下的 4 個乳酪 (A, B, C, D) 之中最喜歡哪一個乳酪，將意見調查所回答的結果累計而成者。

	A	B	C	D
中學生	24	15	11	50
高中生	11	32	12	45
大學生	14	10	33	43
社會人	11	13	30	46

Symmetrical Normalization

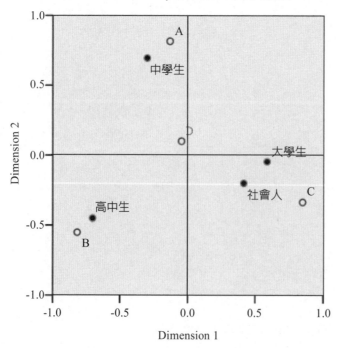

由此佈置圖解釋中學生最喜歡 A、高中生最喜歡 B 是不然的。
如觀察列剖面（row profile）時，中學生與高中生也都喜歡 D。

Row Profiles

層	乳酪				
	A	B	C	D	Active Margin
中學生	.240	.150	.110	.500	1.000
高中生	.110	.320	.120	.450	1.000
大學生	.140	.100	.330	.430	1.000
社會人	.110	.130	.300	.460	1.000
Mass	.150	.175	.215	.460	

將列剖面的資料以長條圖表示時即為如下。

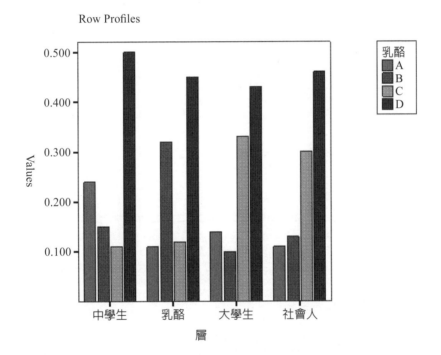

Row Profiles

由圖可知被任一層所喜歡的 D，因為不具只被某一層所喜歡的特徵，所以
被描點在原點的附近。

■ 數值例 2

由以下的交叉表也可得出與數值例 1 相似的佈置圖，這是要注意的。

	A	B	C	D
中學生	40	28	23	9
高中生	23	45	24	8
大學生	25	20	48	7
社會人	24	26	41	9

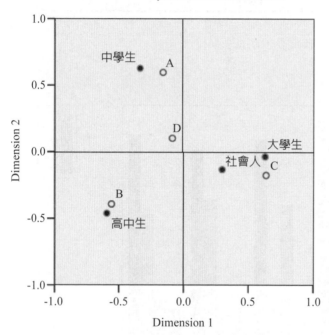

列剖面及長條圖如下。

Row Profiles

層	乳酪				
	A	B	C	D	Active Margin
中學生	.400	.280	.230	.090	1.000
高中生	.230	.450	.240	.080	1.000
大學生	.250	.200	.480	.070	1.000
社會人	.240	.260	.410	.090	1.000
Mass	.280	.298	.340	.083	

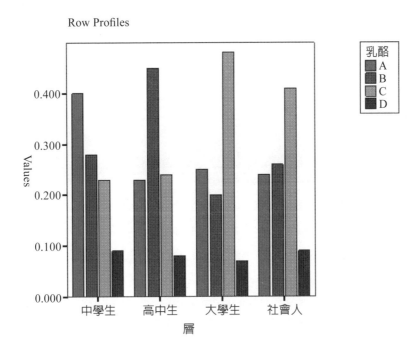

由圖可知任一層均不喜歡的 D，因無特徵，所以仍然被描繪在原點附近。

■ 數值例 3

此次，對以下的交叉表應用對應分析看看。

	A	B	C	D
中學生	230	100	40	30
高中生	25	197	30	48
大學生	10	60	20	110
社會人	46	5	10	39

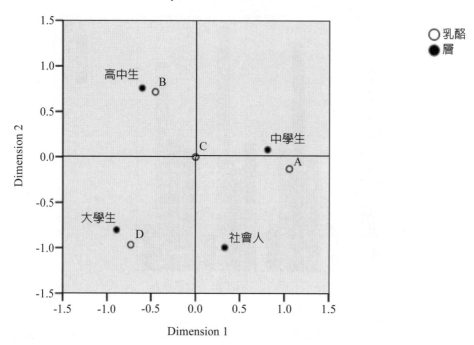

Symmetrical Normalization

此時，C 被描畫在原點上。此理由以如下所顯示的列剖面來說明。

Column Profiles

層	乳酪 A	B	C	D	Mass
中學生	.740	.276	.400	.132	.400
高中生	.080	.544	.300	.211	.300
大學生	.032	.166	.200	.485	.200
社會人	.148	.014	.100	.172	.100
Active Margin	1.000	1.000	1.000	1.000	

請注意 C 的比率與 mass 的比率相同。在對應分析的佈置圖中，具有愈接近 mass 的比率 (平均的比率)，其愈接近原點的特徵。

【參考】

事實上數值例 1 與數值例 2，均可從相同的觀點說明 D 位於原點的理由。

〈數值例 1 的欄剖面〉

Column Profiles

層	乳酪				
	A	B	C	D	Mass
中學生	.400	.214	.128	.272	.250
高中生	.183	.457	.140	.245	.250
大學生	.233	.143	.384	.234	.250
社會人	.183	.186	.349	.250	.250
Active Margin	1.000	1.000	1.000	1.000	

〈數值例 2 的欄剖面〉

Column Profiles

層	乳酪				
	A	B	C	D	Mass
中學生	.400	.214	.128	.272	.250
高中生	.183	.457	.140	.245	.250
大學生	.233	.143	.384	.234	.250
社會人	.183	.186	.349	.250	.250
Active Margin	1.000	1.000	1.000	1.000	

不管再在哪一個數值例，D 的比率與 mass 的比率都非常接近。

2.1.2 列類別與欄類別的接近性

■數值例 4

　　試對以下的交叉表應用對應分析看看。此交叉表是對以下的 5 種乳酪 (A, B, C, D, E) 之中的哪一者最喜歡，將所回答的意見調查結果整理而成者。

	A	B	C	D	E
中學生	90	70	50	10	30
高中生	70	100	40	20	20
大學生	20	60	90	50	30
社會人	30	30	80	40	70

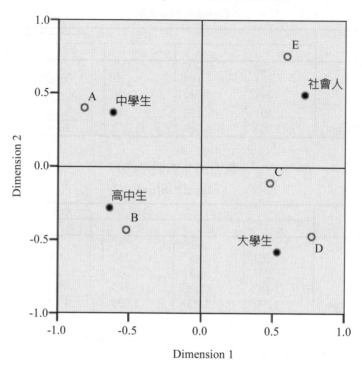

Symmetrical Normalization

由此佈置圖，會想到如下解釋吧！
①大學生喜歡 D 甚於 C。
②社會人喜歡 E 甚於 C。
此處，試觀察列剖面與長條圖看看。

Row Profiles

層	乳酪					
	A	B	C	D	E	Active Margin
中學生	.360	.280	.200	.040	.120	1.000
高中生	.280	.400	.160	.080	.080	1.000
大學生	.080	.240	.360	.200	.120	1.000
社會人	.120	.120	.320	.160	.280	1.000
Mass	.210	.260	.260	.120	.150	

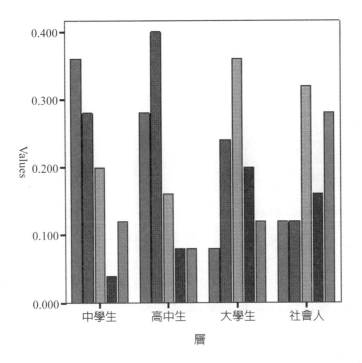

　　由圖可知不論是大學生也好，社會人也好，皆最喜歡 C，大學生第 3 喜歡為 D，社會人第 2 喜歡為 E。由此事知，前述大學生喜歡 D 甚於 C，社會人喜歡 E 甚於 C 是不適切的。

　　並且，只以 1 維度來看時，大學生與 C 位於相近，所以也有需要考慮各維度的貢獻率。

　　大學生與 D、社會人與 E 位於相近，從橫剖面與長條圖來看即可理解。

Column Profiles

層	乳酪					Mass
	A	B	C	D	E	
中學生	.429	.269	.192	.083	.200	.250
高中生	.333	.385	.154	.167	.133	.250
大學生	.095	.231	.346	.417	.200	.250
社會人	.143	.115	.308	.333	.467	.250
Active Margin	1.000	1.000	1.000	1.000	1.000	

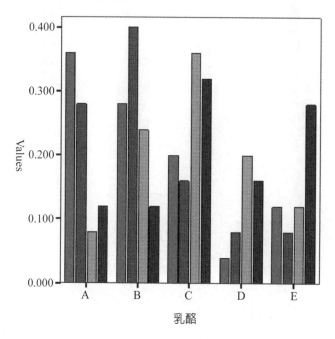

Row Profiles

層
■ 中學生
■ 高中生
■ 大學生
■ 社會人

乳酪

　可知 D 是大學生所喜歡，E 是社會人所喜歡。

　如以上，當解決列類別與欄類別時，只從佈置圖上的遠近來解釋時，有時會曲解意義的。特別是將分離的類別之間馬上判斷為弱關係時是需要注意的。將列剖面與欄剖面的資訊做成長條圖，一面併用一面解釋是最好的。

■ 數值例 5

　試對如下的交叉表應用對應分析看看。此交叉表是對 5 家旅館 (A, B, C, D, E) 的住宿房有強烈的印象者進行意見調查，將回答結果加以整理者。

	A	B	C	D	E
外型佳	405	589	70	836	510
可愛	903	482	52	61	817
高級	184	8829	98	3219	4266
豪華	27	406	31	193	202
新鮮	514	452	70	798	674
溫暖	943	269	69	404	234

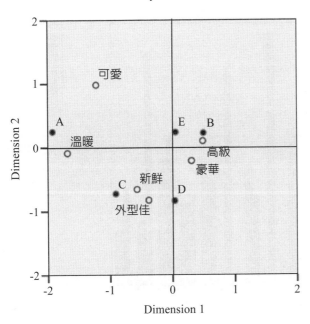

Symmetrical Normalization

從此佈置圖，會做如下的解釋吧！

①A 溫暖、可愛。

②C 新鮮、外型佳。

此處，試觀察列剖面（row profile）與欄剖面（column profile）。

Row Profiles

形象	旅館					
	A	B	C	D	E	Active Margin
外型佳	.168	.244	.029	.347	.212	1.000
可愛	.390	.208	.022	.026	.353	1.000
高級	.011	.532	.006	.194	.257	1.000
豪華	.031	.473	.036	.225	.235	1.000
新鮮	.205	.180	.028	.318	.269	1.000
溫暖	.491	.140	.036	.211	.122	1.000
Mass	.112	.414	.015	.207	.252	

Row Profiles

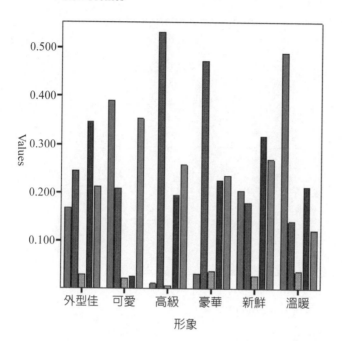

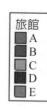

Column Profiles

形象	旅館					Mass
	A	B	C	D	E	
外型佳	.136	.053	.179	.152	.076	.091
可愛	.303	.044	.133	.011	.122	.087
高級	.062	.801	.251	.584	.636	.624
豪華	.009	.037	.079	.035	.030	.032
新鮮	.173	.041	.179	.145	.101	.094
溫暖	.317	.024	.177	.073	.035	.072
Active Margin	1.000	1.000	1.000	1.000	1.000	

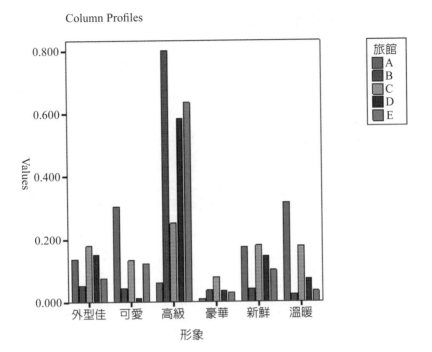

Column Profiles

對 C 來說，覺得高級、新鮮、外型佳的人較多，特別是覺得高級的人最多，就高級而言，無法從對應分析的佈置圖來判斷。

由此例來看，與數值例 1 一樣，當解決散佈圖上的列分類與欄分類的接近性時，可知併用欄剖面、列剖面的資訊是很重要的。

2.2 關係的強度與佈置圖

2.2.1 成爲馬蹄形的佈置圖

■數値例 6

試對以下的交叉表應用對應分析看看。此交叉表是對某校的授課滿意度（5 級評估：滿意、略爲普通、普通、略爲不滿、不滿）與成績（5 級：優、良、中、可、不可）加以累計而得。

	優	良	中	可	不可
滿意	23	10	3	2	1
略爲滿意	5	30	10	2	1
普通	2	3	28	10	2
略爲不滿	2	2	10	29	5
不滿	1	2	3	9	15

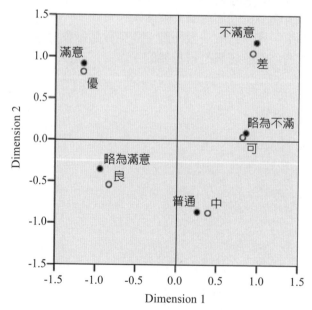

　　佈置圖上的點呈現二次曲線形狀。可是，由此事即解釋爲授課的滿意度與
成績之間有二次函數的關係是不然的。對應分析是即使有直線的關係，仍有
可能得出此種馬蹄形的佈置圖，這是需要注意的。

■數值例 7
　　對於如下的交叉表，也可得出二次曲線形狀的佈置圖。

	優	良	中	可	不可
滿意	14	14	14	14	14
略為滿意	0	14	14	14	14
普通	0	0	14	14	14
略為不滿	0	0	0	14	14
不滿	0	0	0	0	14

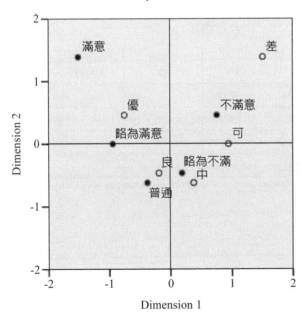

Symmetrical Normalization

2.2.2 χ^2 檢定不顯著時之一例

■數值例 8

對如下的交叉表試應用對應分析看看。此交叉表是針對出生地與喜歡的飲料加以累計而成。

	咖啡	紅茶	果汁	綠茶	牛奶
台北	21	21	25	27	23
台中	29	23	23	26	29
彰化	27	28	28	20	26
台南	24	29	28	24	21
高雄	25	25	28	24	24

對此表的 χ^2 檢定之結果,顯示以下的 P 值 = 0.989,並不顯著。亦即,看不出出生地與喜好飲料之間的關係。

卡方檢定

	值	df	漸近顯著性（兩端）
Pearson 卡方檢定	5.898[a]	16	.989
概似比	5.951	16	.989
線性對線性關聯	.649	1	.420
有效觀察值個數	628		

a. 0 單元（0.0%）預期計數小於 5。預期的計數下限為 22.54。

已調整殘差如下，看不出有特徵的組合。

出生地 * 飲料交叉列表

			飲料					總計
			咖啡	紅茶	果汁	綠茶	牛乳	
出生地	台北	計數	21	21	25	27	23	117
		調整後殘差	-.6	-.6	.1	1.2	.0	
	台中	計數	29	23	23	26	29	130
		調整後殘差	.7	-.8	-1.0	.2	.9	
	彰化	計數	27	28	28	20	26	129
		調整後殘差	.3	.5	.2	-1.2	.2	
	台南	計數	24	29	28	24	21	126
		調整後殘差	-.3	.9	.4	-.1	-.9	
	高雄	計數	25	25	28	24	24	126
		調整後殘差	-.1	-.1	.4	-.1	-.2	
總計		計數	126	126	132	121	123	628

對此表應用對應分析時，得出如下的佈置圖。

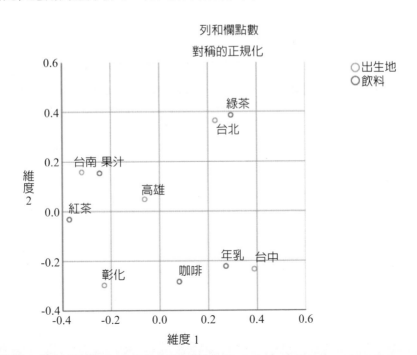

列和欄點數
對稱的正規化

　　如觀察圖形時，可以解讀出台北大多喜歡綠茶，台中大多喜歡牛奶，台南大多喜歡果汁。可是，將 χ^2 檢定不是顯著的關係作成圖形來解釋是危險的。亦即，須觀察貢獻率，即為如下：

Summary

Dimension	Singular Value	Inertia	Proportion of Inertia		Confidence Singular Value	
			Accounted for	Cumulative	Standard Deviation	Correlation 2
1	.073	.005	.567	.567	.040	-.006
2	.060	.004	.379	.946	.040	
3	.021	.000	.048	.994		
4	.008	.000	.006	1.000		
Total		.009	1.000	1.000		

a. 16 degrees of freedom

　　觀察貢獻率時，以 2 維度可以說明 94.6%，因之容易認為此圖是有效的，但貢獻率只是表示能說明原有資訊的多少 % 而已，貢獻率即使是甚大的數值，也不一定是有效的圖。為了防止只以貢獻率會有判斷錯誤的情形，最好也斟酌特異值的數值。本例中 1 維度的特異值是 0.073。特異值是在 0～1 之間之值，愈接近 1，列與欄的關係可以看成愈強。當此數值接近 0 時，列與欄的關係可以想成沒有關聯（亦即，圖是沒有意義的）。

 Tea Break

> 對應分析法可以揭示同一變數的各個類別之間的差異，以及不同變數各個類別之間的對應關係。主要套用在市場區隔、產品定位、地質研究以及計算機工程等領域中。原因在於，它是一種視覺化的數據分析方法，它能夠將幾組看不出任何聯繫的數據，通過視覺上可以接受的定點陣圖展現出來。

第 3 章
對應分析簡介

本章內容

3.1 三元交叉表的對應分析

例題 3-1

將例題 1-1 的交叉表以男女層別，可以得出如下的三元交叉表。

性別與年齡		日本酒	啤酒	葡萄酒	清酒
男	20～29	10	28	11	15
	30～39	13	21	19	14
	40～49	12	6	6	30
	50～59	20	8	13	13
	60 以上	25	3	7	15
女	20～29	5	17	16	8
	30～39	4	9	29	11
	40～49	8	4	20	14
	50～59	16	2	7	11
	60 以上	15	2	1	12

試以對應分析解析此三元交叉表。

3.1.1 二元化之後的交叉表解析

像本例題的交叉表稱為三元交叉表。對應分析因為被限定在二元表，所以處理此種三元表時，將變數（性別、年齡、飲料）組合製作成一個變數，將三元表化成二元表之後，再應用對應分析的方法是可以被考慮的。

■變數的組合與二元化

變數的組合，可以考慮如下 3 種：
① 性別與年齡、② 性別與飲料、③ 年齡與飲料。

① 組合性別與年齡之後的二元表，即爲如下的交叉表。

（年齡、性別）與飲料的交叉表

性別年齡	日本酒	啤酒	葡萄酒	清酒
20〜29（男）	10	28	11	15
30〜39（男）	13	21	19	14
40〜49（男）	12	6	6	30
50〜59（男）	20	8	13	13
60 以上（男）	25	3	7	15
20〜29（女）	5	17	16	8
30〜39（女）	4	9	29	11
40〜49（女）	8	4	20	14
50〜59（女）	16	2	7	11
60 以上（女）	15	2	1	12

合計 n = 500

② 組合性別與飲料之後的二元表，即爲如下的交叉表。

（飲料、性別）與年齡的交叉表

年齡	20〜29	30〜39	40〜49	50〜59	60 以上
日本酒（男）	10	13	12	20	25
啤酒（男）	28	21	6	8	3
葡萄酒（男）	11	19	6	13	7
清酒（男）	15	14	30	13	15
日本酒（女）	5	4	8	16	15
啤酒（女）	17	9	4	2	2
葡萄酒（女）	16	29	20	7	1
清酒（女）	8	11	14	11	12

合計 n = 500

③ 組合年齡與飲料的二元表，即爲如下的交叉表。

（飲料、年齡）與性別的交叉表

性別	男	女
日本酒（20～29）	10	5
日本酒（30～39）	13	4
日本酒（40～49）	12	8
日本酒（50～59）	20	16
日本酒（60 以上）	25	15
啤酒（20～29）	28	17
啤酒（30～39）	21	9
啤酒（40～49）	6	4
啤酒（50～59）	8	2
啤酒（60 以上）	3	2
葡萄酒（20～29）	11	16
葡萄酒（30～39）	19	29
葡萄酒（40～49）	6	20
葡萄酒（50～59）	13	7
葡萄酒（60 以上）	7	1
清酒（20～29）	15	8
清酒（30～39）	14	11
清酒（40～49）	30	14
清酒（50～59）	13	11
清酒（60 以上）	15	12

合計 n = 500

此交叉表的情形，可知欄數變成 2。對應分析如果列數及欄數都不是 3 以上時，即無應用的意義，因之此種交叉表是不適用對應分析的。

■組合性別與年齡的交叉表之解析

對組合性別與年齡之後當作 1 個變數的交叉表應用對應分析。

Correspondence Table

年齡與性別	飲料				
	日本酒	啤酒	葡萄酒	清酒	Active Margin
20-29(男)	10	28	11	15	64
30-39(男)	13	21	19	14	67
40-49(男)	12	6	6	30	54
5--59(男)	20	8	13	13	54
60以上(男)	25	3	7	15	50
20-29(女)	5	17	16	8	46
30-39(女)	4	9	29	11	53
40-49(女)	8	4	20	14	46
50-59(女)	16	2	7	11	36
60以上(女)	15	2	1	12	30
Active Margin	128	100	129	143	500

Summary

Dimension	Singular Value	Inertia	Chi Square	Sig.	Proportion of Inertia	
					Accounted for	Cumulative
1	.428	.183			.614	.614
2	.278	.077			.259	.873
3	.194	.038			.127	1.000
Total		.298	148.945	.000ᵃ	1.000	1.000

a. 27 degrees of freedom

Symmetrical Normalization

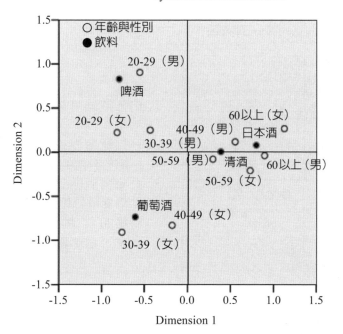

由佈置圖可以解讀以下事項：

- 30-39 與 40-49 的男女位置分離。
- 50-59 與 60 以上的男女位置接近。
- 年輕的年齡位於維度1軸的左側。
- 維度 1 軸由左向右，女性依年齡的順序排列著。

■組合性別與飲料的交叉表之解析

對組合性別與飲料當作 1 個變數的交叉表應用對應分析。

Correspondence Table

飲料與性別	年齡					Active Margin
	20-29	30-39	40-49	50-59	60以上	
日本酒(男)	10	13	12	20	25	80
啤酒(男)	28	21	6	8	3	66
葡萄酒(男)	11	19	6	13	7	56
清酒(男)	15	14	30	13	15	87
日本酒(女)	5	4	8	16	15	48
啤酒(女)	17	9	4	2	2	34
葡萄酒(女)	16	29	20	7	1	73
清酒(女)	8	11	14	11	12	56
Active Margin	110	120	100	90	80	500

Summary

Dimension	Singular Value	Inertia	Chi Square	Sig.	Proportion of Inertia	
					Accounted for	Cumulative
1	.420	.176			.680	.680
2	.234	.055			.212	.892
3	.158	.025			.097	.989
4	.053	.003			.011	1.000
Total		.259	129.426	.000ᵃ	1.000	1.000

a. 28 degrees of freedom

Symmetrical Normalization

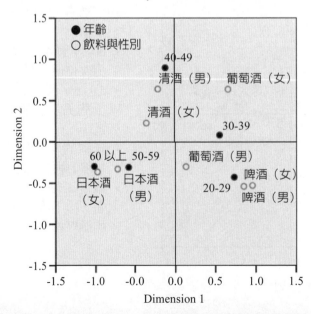

由佈置圖可以解讀以下事項：

- 以葡萄酒來看男女處於分離的位置。
- 葡萄酒與日本酒的男女位於相近。
- 維度 1 軸由右向左，依年齡的順序排列著。

3.1.2 Burt 表的對應分析

■Burt 表

針對作為對象的變數，列舉每 2 個變數，就所有的組合製作交叉表的情形來考察。將所有這些的交叉表合併使之可以一覽的表稱為 Burt 表。對於例題 3-1 的三元交叉表的情形來說，即為如下的 Burt 表。

	男	女	20-29	30-39	40-49	50-59	60 以上	日本酒	啤酒	葡萄酒	清酒
男	289	0	64	67	54	54	50	80	66	56	87
女	0	211	46	53	46	36	30	48	34	73	56
20-29	64	46	110	0	0	0	0	15	45	27	23
30-39	67	53	0	120	0	0	0	17	30	48	25
40-49	54	46	0	0	100	0	0	20	10	26	44
50-59	54	36	0	0	0	90	0	36	10	20	24
60 以上	50	30	0	0	0	0	80	40	5	8	27
日本酒	80	48	15	17	20	36	40	128	0	0	0
啤酒	66	34	45	30	10	10	5	0	100	0	0
葡萄酒	56	73	27	48	26	20	8	0	0	129	0
清酒	87	56	23	25	44	24	27	0	0	0	143

此表的欄與列均為相同的項目所以形成對稱矩陣。

對角線上的方格的數值，並非交叉表的結果，而是單純累計。

男	289
女	211
計 500	

20-29	110
30-39	120
40-49	100
50-59	90
60 以上	80
計 500	

日本酒	128
啤酒	100
葡萄酒	129
清酒	143
計 500	

■對應分析的應用

試對此種 Burt 表應用對應分析看看。這是將 Burt 表看成 11×11 的交叉表之後再應用即可。後面將會介紹多種對應分析，與對 Burt 表進行對應分析是一樣的。

Summary

Dimension	Singular Value	Inertia	Chi Square	Sig.	Proportion of Inertia Accounted for	Cumulative
1	.472	.223			.236	.236
2	.422	.178			.188	.424
3	.383	.147			.155	.580
4	.333	.111			.117	.697
5	.326	.106			.112	.809
6	.275	.076			.080	.889
7	.257	.066			.070	.959
8	.197	.039			.041	1.000
Total		.947	4259.506	.000[a]	1.000	1.000

a. 100 degrees of freedom

 Tea Break

Burt 表是一種對稱矩陣表，用於直觀顯示並分析類別變數之間的關係。該表是多重對應分析的基礎，通常用於在市場分析中開發和解釋客戶狀況。

Overview Row Points[a]

列	Mass	Score in Dimension 1	Score in Dimension 2
男	.193	-.162	.445
女	.141	.222	-.610
20-29	.073	.888	.955
30-39	.080	.755	-.409
40-49	.067	-.217	-.858
50-59	.060	-.660	.008
60以上	.053	-1.340	.364
日本酒	.085	-1.083	.334
啤酒	.067	1.054	1.224
葡萄酒	.086	.702	-.949
清酒	.095	-.401	-.299
Active Total	1.000		

a. Symmetrical normalization

　　Burt 表是列與欄均為相同項目的對稱矩陣，因之使用對稱常態化或主成分常態化求出點數時，列點數與欄點數均為同值。先前的列點數是利用對稱的常態化所求出的點數。佈置圖如下。

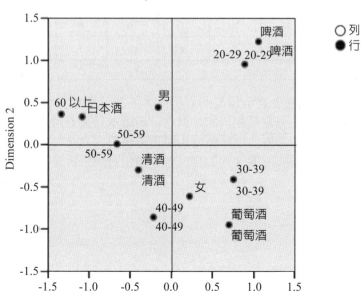

3.2 對類似度矩陣的對應分析

3.2.1 在類似度矩陣上的應用例

例題 3-2

對 8 位學生進行 20 個詢問，將對詢問有相同回答的數目予以累計。以下所示的二元表是整理它的累計結果。

表中的數值是顯示回答一樣的詢問數。譬如，學生 A 與 B 在 20 個詢問中有 4 題的回答是一致的，A 與 C 在 20 個詢問中有 15 題的回答是一致的。因此，數值愈大的組合，是表示想法或嗜好相似的學生之間。而對角的方格是本人之間，因之即為詢問數的 20。

試以對應分析解析此二元表看看。

	A	B	C	D	E	F	G	H
A	20	4	15	16	6	10	6	3
B	4	20	8	8	16	6	18	3
C	15	8	20	18	6	9	10	5
D	16	8	18	20	4	11	10	4
E	6	16	6	4	20	6	16	4
F	10	6	9	11	6	20	6	7
G	6	18	10	10	16	6	20	9
H	3	3	5	4	4	7	9	20

如本例題，數值愈大表示類似的程度愈大的二元表稱為類似度矩陣。類似度矩陣的欄與列的分類是相同的。對應分析原本是被應用在分割表（交叉表），但以應用來說，對此種類似度矩陣也可應用。

將此類似度矩陣看成 8 欄 8 列的交叉表，應用對應分析時，可以得出如下所示的結果。

Correspondence Table

R	C								Active Margin
	A	B	C	D	E	F	G	H	
A	20	4	15	16	6	10	6	3	80
B	4	20	8	8	16	6	18	3	83
C	15	8	20	18	6	9	10	5	91
D	16	8	18	20	4	11	10	4	91
E	6	16	6	4	20	6	16	4	78
F	10	6	9	11	6	20	6	7	75
G	6	18	10	10	16	6	20	9	95
H	3	3	5	4	4	7	9	20	55
Active Margin	80	83	91	91	78	75	95	55	648

Summary

Dimension	Singular Value	Inertia	Chi Square	Sig.	Proportion of Inertia	
					Accounted for	Cumulative
1	.402	.162			.530	.530
2	.329	.108			.355	.885
3	.158	.025			.082	.967
4	.094	.009			.029	.996
5	.032	.001			.003	1.000
6	.011	.000			.000	1.000
7	.000	.000			.000	1.000
Total		.305	197.724	.000ª	1.000	1.000

a. 49 degrees of freedom

Overview Row Pointsª

R	Mass	Score in Dimension		Inertia	Contribution				
					Of Point to Inertia of Dimension		Of Dimension to Inertia of Point		
		1	2		1	2	1	2	Total
A	.123	-.783	.252	.037	.188	.024	.829	.070	.899
B	.128	.753	.416	.038	.181	.067	.775	.194	.968
C	.140	-.513	.175	.020	.092	.013	.749	.071	.820
D	.140	-.617	.203	.025	.133	.018	.847	.075	.922
E	.120	.845	.332	.042	.214	.040	.814	.103	.917
F	.116	-.432	-.286	.031	.054	.029	.284	.102	.386
G	.147	.588	.040	.022	.126	.001	.936	.004	.940
H	.085	.247	-1.770	.091	.013	.808	.023	.964	.987
Active Total	1.000			.305	1.000	1.000			

a. Symmetrical normalization

　　列與欄是相同的分類，因之是對稱矩陣，如使用對稱常態化或主體常態化時，列點數與欄點數即為同值。此處，是使用對稱常態化來計算。因為列點數與欄點數是同值，因之列點數的佈置圖與欄點數的佈置圖也是相同的。以下顯示佈置圖。

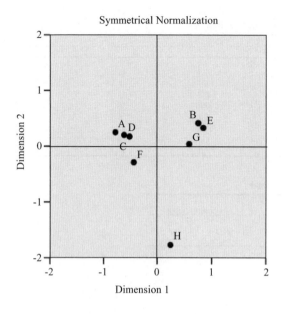

從佈置圖來看，8 位學生可以分成 3 群：

群 1 → A、C、D、F。
群 2 → B、E、G。
群 3 → H。

從中可知特別是學生 H 與其他 7 人有甚大的偏離。

【參考】利用數量化理論的佈置圖

類似度矩陣可以利用數量化 IV 類來解析。

如應用數量化理論時，可以得出如下的佈置圖。

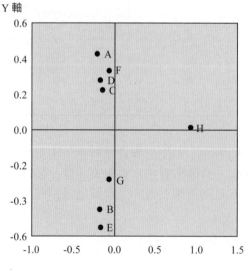

數量化理論 IV 類的佈置圖與對應分析的佈置圖，有相同的結果。

 Tea Break

數量化 IV 類 SPSS 並未載入，上述的解析是使用日本 ESUMI 公司發行的「EXCEL 數量化理論」軟體。

3.2.2 在距離舉上的應用例

例題 3-3

以下的二元表是提示美國 7 個都市之間利用飛機的飛行時間（分）。

	A	B	C	D	E	F	G
A	0	155	70	110	90	230	135
B	155	0	145	65	100	75	40
C	70	145	0	80	65	175	120
D	110	65	80	0	60	120	60
E	90	110	65	60	0	150	90
F	230	75	175	120	150	0	95
G	135	40	120	60	90	95	0

對角的方格是相同都市之間，故飛行時間是 0 分。
試利用對應分析解析此二元表看看。

類似度矩陣是顯示數值愈大，類似的程度即愈大，但與此相反，顯示數值愈大，不類似的程度即愈大的矩陣則稱為距離矩陣。

分析距離矩陣的代表性手法，有稱之為多元尺度構成法的手法，然而即使是距離矩陣，利用適當的數值變換，可以變換成類似度矩陣，因之與先前的類似度矩陣的例子一樣，也能應用對應分析。

將距離矩陣變換成類似度矩陣的最簡單方法是：

「從距離矩陣內的最大值減去多數值」。

利用此數值變換，可以變換成數值愈大距離及愈接近的類似度矩陣。

本例題的情形，最大值是 230，從 230 減去各數值，即可作出如下的類似度矩陣。

類似度矩陣

	A	B	C	D	E	F	G
A	230	75	160	120	140	0	95
B	75	230	85	165	130	155	190
C	160	85	230	150	165	55	110
D	120	165	150	230	170	110	170
E	140	130	165	170	230	80	140
F	0	155	55	110	80	230	135
G	95	190	110	170	140	135	230

　　對角的方格即為距離矩陣中的最大值 230。如對此類似度矩陣應用分析時，可以得出如下的結果。

對應表格

R	C A	B	C	D	E	F	G	作用中邊際
A	230	75	160	120	140	0	95	820
B	75	230	85	165	130	155	190	1030
C	160	85	230	150	165	55	110	955
D	120	165	150	230	170	110	170	1115
E	140	130	165	170	230	80	140	1055
F	0	155	55	110	80	230	135	765
G	95	190	110	170	140	135	230	1070
作用中邊際	820	1030	955	1115	1055	765	1070	6810

摘要

維度	特異值	慣性	卡方檢定	顯著性	慣性比例 歸因於	累加	信賴特異值 標準差	相關性 2
1	.367	.134			.849	.849	.010	.103
2	.108	.012			.073	.922	.012	
3	.080	.006			.041	.963		
4	.054	.003			.019	.982		
5	.043	.002			.012	.993		
6	.032	.001			.007	1.000		
總計		.158	1078.279	.000[a]	1.000	1.000		

a. 36 自由度

列點數概觀 [a]

R	聚集	維度中的分數 1	2	慣性	要素項 點到維度的慣性 1	2	維度到點的慣性 1	2	總計
A	.120	-.985	.201	.046	.319	.045	.925	.011	.936
B	.151	.473	.360	.015	.092	.182	.820	.140	.960
C	.140	-.581	-.485	.022	.129	.307	.792	.162	.955
D	.164	-.006	.069	.002	.000	.007	.001	.035	.036
E	.155	-.274	-.138	.008	.032	.027	.552	.041	.593
F	.112	1.133	-.493	.057	.393	.254	.927	.052	.978
G	.157	.284	.349	.008	.035	.178	.594	.264	.858
作用中總計	1.000			.158	1.000	1.000			

a. 對稱常態化

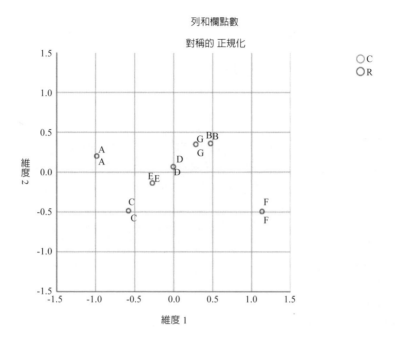

【參考】利用多元尺度構成法的佈置圖

　如應用多元尺度構成法時，可以得出如下的佈置圖。

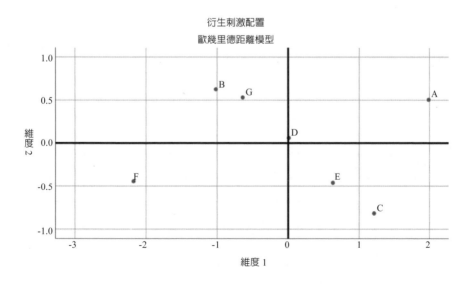

註：從數據檔中選擇 3-2-2-4，從〔分析〕點選〔比例〕，從中選擇〔多元
　　尺度（ALSCAL）〕。測量層次點選〔比例〕，其他如預設。

3.3 追加機能

3.3.1 在時間數列資料上的應用

例題 3-4

有一家旅館以月為單位管制住宿客的滿意度。此旅館每月累計 1 次，各住宿客以 5 級評價滿意度（滿意、略為滿意、普通、略為不滿、不滿）。以下的累計表示 1 月到 10 月的結果，表中的數值是顯示評價的人數。

	滿意	略為滿意	普通	略為不滿	不滿
1 月	6	6	51	30	31
2 月	5	5	44	23	24
3 月	6	7	52	22	23
4 月	5	6	46	17	19
5 月	8	10	57	21	21
6 月	4	16	43	16	11
7 月	12	20	47	17	12
8 月	30	53	28	14	14
9 月	26	36	15	5	7
10 月	32	36	11	5	6

試針對此累計表應用對應分析。

此後，另新增了 11 月與 12 月的 2 個月分資料。

11 月	45	28	21	6	6
12 月	49	29	22	5	4

針對新增 11 月與 12 月的累計結果的累計表，再次用對應分析。

首先，針對 1 月到 10 月的累計表，應用對應分析時，可以得出如下的結果。

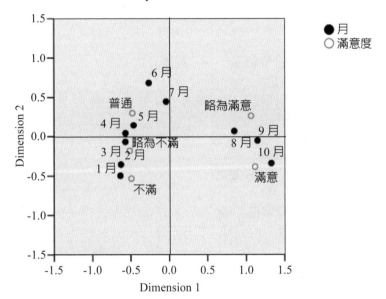

Row and Column Points

Symmetrical Norma lization

從中可知，由1月到10月逐月向「滿意」變遷的情形。

接著，再增加11月與12月，對1月到12月的累計表應用對應分析。

此時，可以考慮如下2種方法：

①以1月到12月的累計表重新製作佈置圖。

②在1月到10月的佈置圖上描出11月與12月的點數。

像本例題的時間數列資料（按時間順序得出的資料）的情形，如果是以月單位的累計時，則在月每次改變時即追加資料。此時，收集某種程度的資料之後先製作佈置圖，之後每當資料追加時，即在佈置圖上追加描點的方法，亦即②的方法容易觀察推移的情形居多。

不改變一度所製作的佈置圖上的描點形狀，追加描繪新資料的機能稱為追加處理機能。SPSS在解析中並未包含，只在圖表上才使用的類別稱為輔助類別，在對應分析的對框中可以設定。

說明具體的步驟如下：

步驟 1　資料的輸入
　　　　　關於資料的輸入，與通常的對應分析時並無不同。本例輸入 1 月到
　　　　　12 月的資料。

步驟 2　分析的執行
　　　　　〔分析〕→〔維度縮減〕→〔對應分析〕。

步驟 3　列與範圍的設定
　　　　　在設定列變數「月」的範圍處，只在 11 月與 12 月的地方選擇〔種
　　　　　類是增補的〕。

　　如此一來，第 11 列與第 12 列（亦即 11 月與 12 月）的類別不用於解析，只會求出點數。

　　解析結果如下所示。

Correspondence Table

月	滿意度					Active Margin
	滿意	略為滿意	普通	略為不滿	不滿	
1 月	6	6	51	30	31	124
2 月	5	5	44	23	24	101
3 月	6	7	52	22	23	110
4 月	5	6	46	17	19	93
5 月	8	10	57	21	21	117
6 月	4	16	43	16	11	90
7 月	12	20	47	17	12	108
8 月	30	53	28	14	14	139
9 月	26	36	15	5	7	89
10 月	32	36	11	5	6	90
11 月 a	45	28	21	6	6	
12 月 a	49	29	22	5	4	
Active Margin	134	195	394	170	168	1061

a. Supplementary row

Overview Row Points[b]

月	Mass	Score in Dimension	
		1	2
1 月	.117	-.635	-.496
2 月	.095	-.628	-.355
3 月	.104	-.569	-.067
4 月	.088	-.567	.043
5 月	.110	-.462	.143
6 月	.085	-.264	.683
7 月	.102	-.040	.446
8 月	.131	-.849	.068
9 月	.084	1.149	-.051
10 月	.085	1.327	-.339
11 月 a	.100	1.139	-.641
12 月 a	.103	1.221	-.602
Active Margin	1.000		

a. Supplementary point
b. Symmetrical normalization

對應表與列點數的表的最下方,記有顯示 11 月與 12 月當作輔助類別來處理的補註。

佈置圖如下。

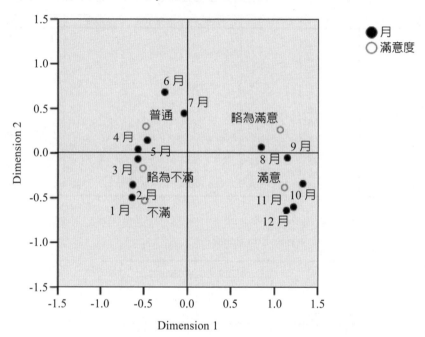

得知 11 月與 12 月被追加在 1 月到 10 月的佈置圖中。此處重要的事項是,即使追加 11 月與 12 月,由於被當作輔助類別來處理,故其他的類別是不受到影響的。

使用 1 月與 12 月的資料，再次重新應用對應分析時，它的佈置圖如下。
此處的佈置圖因追加 11 月與 12 月，故類別的點數已改變，因之與至 10 月
為止的資料所製作的佈置圖不同。

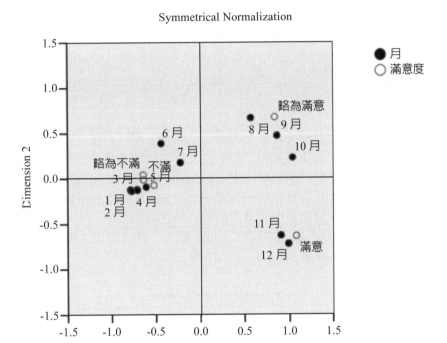

3.3.2 追加處理機能的活用例

除了處理時間數列資料的情況外，活用追加處理機能被認為有效果的例子
介紹如下。

■活用例 1

在日本東京都內經銷運動商品之店鋪，按店鋪別實施顧客滿意度調查。
顧客滿意度與先前的例題一樣，以 5 等級（滿意、略為滿意、普通、略為不
滿、不滿）進行評價。

此企業是以滿意 50%、略為滿意 30%、普通 15%、略為不滿 4%、不滿 1%
為目標。

店鋪與滿意度的交叉累計結果如下。

店鋪	滿意	略為滿意	普通	略為不滿	不滿
澀谷	10	20	30	20	25
新宿	15	20	38	25	18
銀座	25	33	32	15	10
青山	40	20	10	7	7
池袋	50%	30%	15%	4%	1%

　　針對此交叉表應用對應分析，並考慮將「店鋪」與「目標」在相同的佈置圖上表現，此表中的目標是比率，相對的，店鋪別的數值是實數（人數）。並且，目標的數值並非由調查所得出，店鋪別的數值卻是由實際的調查所得出。因此，店鋪的4列與目標的1列是不同性質的。像此種時候使用追加處理機能，將目標當作輔助類別來處理即可。佈置圖如下。

　　* SPSS 中對應目標的數值，50% 以 0.5 輸入、30% 以 0.3 輸入、15% 以 0.15 輸入、4% 以 0.04 輸入、1% 以 0.01 輸入即可。

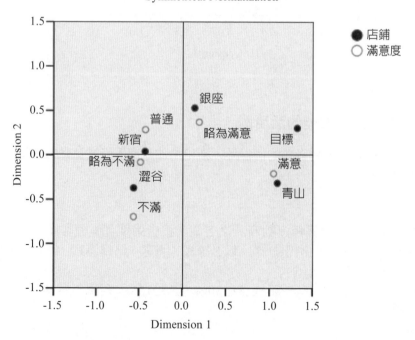

Symmetrical Normalization

由圖可知青山店接近目標。

■活用例2

以下的交叉表是偏離值的例子。

店鋪	滿意	略為滿意	普通	略為不滿	不滿
涉谷	10	20	30	20	25
新宿	15	20	38	25	18
銀座	25	33	32	15	10
青山	40	20	10	7	7
池袋	2	0	90	3	0

針對此交叉表應用對應分析時，可得出如下的佈置圖。

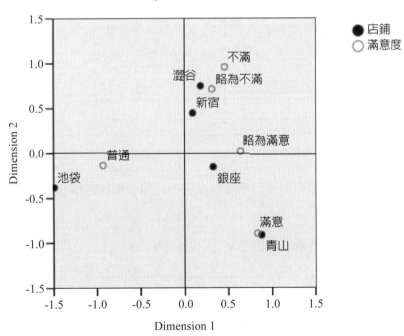

　　只有池袋店位於偏離其他店的位置，因之其他店鋪的位置有可能歪斜。此種時候，將池袋店當作輔助類別處理即可。

　　得出如下的佈置圖。

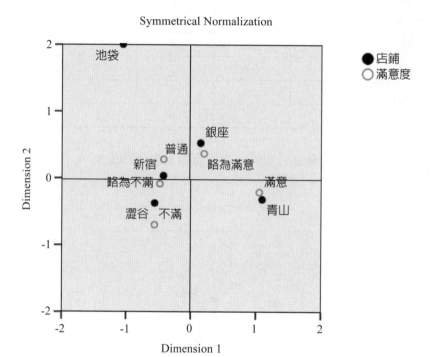

Symmetrical Normalization

　　滿意度的順序是由左到右從不滿到滿意，亦即活用順序構造排列著。

■活用例 3

　　以下的交叉表是遺漏值的例子。

店鋪	滿意	略為滿意	普通	略為不滿	不滿
涉谷	10	20	30	20	25
新宿	15	20	38	25	18
銀座	25	33	32	15	10
青山	40	20	10	7	7
池袋	33	18	✕	15	19

　　因某種緣故，池袋店屬於普通的數值無法得出。此時，輸入 0 應用對應分析時，成爲如下的佈置圖。

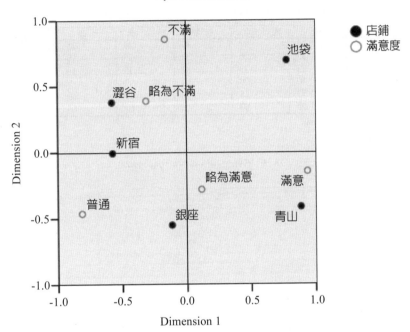

Row and Column Points

Symmetrical Norma lization

另一方面，將此交叉表如下改寫看看。

店鋪	滿意	略為滿意	略為不滿	不滿	普通
涉谷	10	20	20	25	30
新宿	15	20	25	18	38
銀座	25	33	15	10	32
青山	40	20	7	7	10
池袋	33	18	15	19	✕

　　以此種看法，即可將列分類的「池袋」與欄分類的「普通」分別當作輔助類別來處理。

　　此時的對應表與佈置圖如下。

　　此處可知按滿意度的順序排列著。

Correspondence Table

店鋪	滿意度					
	滿意	略爲滿意	普通[a]	略爲不滿	不滿	Active Margin
澀谷	10	20	30	20	25	75
新宿	15	20	38	25	18	78
銀座	25	33	32	15	10	83
青山	40	20	10	7	7	74
池袋[b]	33	18		15	19	
Active Margin	90	93		67	60	310

a. Supplementary column

b. Supplementary row

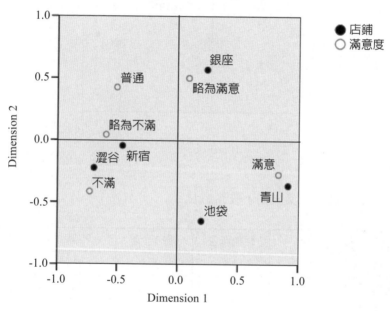

Symmetrical Normalization

第 4 章
二值資料的對應分析

本章内容

4.1 01型資料表的解析

例題 4-1

針對觀賞運動的嗜好，實施了以下的意見調查。

在以下所示的 9 個運動之中，請在喜歡觀賞的運動中加上圓圈。

選出幾個都沒關係。

1. 排球
2. 棒球
3. 高爾夫球
4. 籃球
5. 足球
6. 橄欖球
7. 拳擊
8. 相撲
9. 網球

將此意見調查的回答結果作成一覽表者，即為下頁的資料表。

回答者有 25 人，資料表中的 1 的數值，表示選擇所實行的運動。

試將此資料表，應用對應分析看看。

4.1.1 針對 01 型資料表的對應分析

像本例題的複選回答的資料表，以行（變數）當作各選項，如選擇該選項時，以 1 表示，如不選該項時，則以 0 表示。此種資料表本書稱為 01 型資料表。只以 0 與 1 所表現的變數稱為指標變數或虛擬變數。

將 01 型資料表看成交叉表，即可應用對應分析。

本例題的情形，是將此資料表看成 25*9 的交叉表來進行解析。

資料表

回答者	排球	棒球	高爾夫	籃球	足球	橄欖球	拳擊	相撲	網球
A	1	0	1	0	0	0	0	0	1
B	0	1	1	0	1	1	0	0	0
C	0	1	1	0	1	1	1	0	0
D	1	1	0	0	1	0	0	0	0
E	0	1	0	0	0	1	0	0	0
F	0	0	0	0	0	0	1	1	1
G	1	0	1	0	1	0	1	1	1
H	0	1	0	0	0	0	1	1	0
I	0	1	1	0	0	0	0	0	1
J	0	0	1	1	0	0	0	0	1
K	1	0	1	1	0	0	0	0	0
L	0	1	0	0	1	1	0	0	0
M	1	1	0	1	0	1	0	0	1
N	0	1	0	0	1	1	1	0	0
O	1	1	0	0	0	1	0	1	0
P	0	1	0	0	1	0	0	0	0
Q	0	1	1	1	1	0	0	0	1
R	1	1	0	1	0	0	1	0	0
S	0	1	0	1	1	0	0	0	1
T	1	1	0	0	0	0	0	0	0
U	0	1	0	0	1	1	0	0	1
V	0	1	0	1	1	1	0	0	0
W	0	1	0	0	0	1	1	1	0
X	1	1	0	1	0	0	0	1	0
Y	0	1	1	1	0	0	0	0	1

■利用長條圖的視覺化

於進行對應分析之前,將單純累計的結果先以長條圖表現。

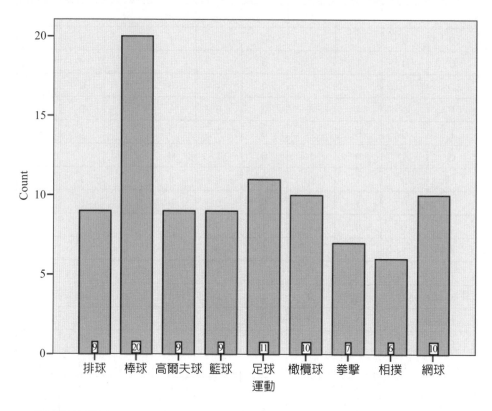

由圖得知棒球最有人氣,對於其他的運動來說,則看不出甚大的差異。

■對應分析的應用

因將 01 型資料表當作 25*9 的交叉表進行解析,因之於輸入 SPSS 時,無法以此種資料表的形式輸入,要以如下的形式輸入。

在資料表中第一列的回答者,因選擇第 1 行、第 3 行、第 9 行的運動,因之如下輸入。

1 1
1 3
1 9
2 2

⋮

	回答者	運動	var
1	1	1	
2	1	3	
3	1	9	
4	2	2	
5	2	3	
6	2	5	
7	2	6	
8	3	2	
9	3	3	
10	3	5	
11	3	5	
12	3	7	
13	4	1	
14	4	2	
15	4	5	
16	5	2	
17	5	6	
18	6	7	
19	6	8	
20	6	9	
21	7	1	
22	7	3	
23	7	5	
24	7	7	
25	7	8	
26	7	9	
27	8	2	
28	8	7	
29	8	8	

當想在佈置圖上表示回答者的姓名時，於變數檢視的數值標記中如下設定。

1 A

2 B

3 C

⋮
⋮

並且，運動可在變數檢視的數值標記中先如下設定。
1. 排球
2. 棒球
3. 高爾夫
4. 籃球
5. 足球
6. 橄欖球
7. 拳擊
8. 相撲
9. 網球

當資料的輸入結束時，即執行對應分析。

將列當作回答者（範圍 1～25），行當作運動（範圍 1～9）。

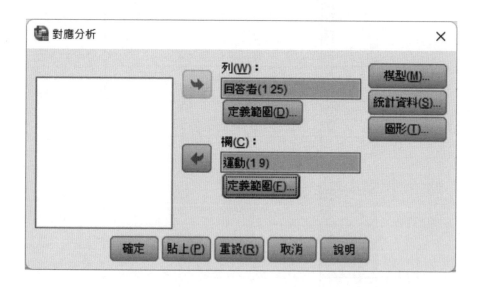

可以得出如下的對應分析的結果。

Correspondence Table

回答者	運動									Active Margin
	排球	棒球	高爾夫球	籃球	足球	橄欖球	拳擊	相撲	網球	
A	1	0	1	0	0	0	0	0	1	3
B	0	1	1	0	1	1	0	0	0	4
C	0	1	1	0	1	1	1	0	0	5
D	1	1	0	0	1	0	0	0	0	3
E	0	1	0	0	0	1	0	0	0	2
F	0	0	0	0	0	0	1	1	1	3
G	1	0	1	0	1	0	1	1	1	6
H	0	1	0	0	0	0	1	1	0	3
I	0	1	1	0	0	0	0	0	1	3
J	0	0	1	1	0	0	0	0	1	3
K	1	0	1	1	0	0	0	0	0	3
L	0	1	0	0	1	0	1	0	0	3
M	1	1	0	1	0	0	1	0	1	5
N	0	1	0	0	1	1	1	0	0	4
O	1	1	0	0	0	1	0	1	0	4
P	0	1	0	0	1	0	0	0	0	2
Q	0	1	1	1	1	0	0	0	1	5
R	1	1	0	0	1	0	0	1	0	4
S	0	1	0	0	1	0	0	0	1	4
T	1	1	0	0	0	0	0	0	0	2
U	0	1	0	0	1	1	0	0	1	4
V	0	1	0	1	1	1	0	0	0	4
W	0	1	0	0	0	1	1	1	0	4
X	1	1	0	1	0	0	0	1	0	4
Y	0	1	1	1	0	0	0	0	1	4
Active Margin	9	20	9	9	11	10	7	6	10	91

由此得知原來的 01 型資料表能夠重現。

Summary

Dimension	Singular Value	Inertia	Chi Square	Sig.	Proportion of Inertia		Confidence Singular Value	
					Accounted for	Cumulative	Standard Deviation	Correlation 2
1	.627	.393			.273	.273	.058	.121
2	.580	.337			.234	.507	.070	
3	.483	.233			.162	.669		
4	.367	.134			.093	.763		
5	.346	.120			.083	.846		
6	.318	.101			.070	.916		
7	.257	.066			.046	.962		
8	.233	.054			.038	1.000		
Total		1.440	131.011	1.000[a]	1.000	1.000		

a. 192 degrees of freedom

01 型資料表的情形，其貢獻率之值一般是不會像交叉表那樣大之值。並且，卡方的數值與顯著機率不能參考。

Overview Column Points[a]

運動	Mass	Score in Dimension		Inertia	Contribution				
					Of Point to Inertia of Dimension		Of Dimension to Inertia of Point		
		1	2		1	2	1	2	Total
排球	.099	-.411	.700	.192	.027	.084	.054	.147	.201
棒球	.220	.319	-.365	.077	.036	.050	.182	.221	.403
高爾夫球	.099	-1.174	.032	.168	.217	.000	.509	.000	.510
籃球	.099	-.989	.052	.159	.154	.000	.383	.001	.384
足球	.121	.313	-1.049	.150	.019	.229	.049	.514	.563
橄欖球	.110	.879	-.844	.163	.135	.135	.326	.278	.604
拳擊	.077	1.078	1.059	.178	.142	.149	.315	.282	.597
相撲	.066	1.057	1.734	.198	.117	.342	.233	.582	.815
網球	.110	-.933	.240	.155	.152	.011	.387	.024	.410
Active Total	1.000			1.440	1.000	1.000			

a. Symmetrical normalization

Overview Row Points[a]

回答者	Mass	Score in Dimension		Inertia	Contribution				
					Of Point to Inertia of Dimension		Of Dimension to Inertia of Point		
		1	2		1	2	1	2	Total
A	.033	-1.337	.558	.074	.094	.018	.497	.080	.577
B	.044	.134	-.959	.044	.001	.070	.011	.532	.544
C	.055	.451	-.402	.044	.018	.015	.159	.117	.276
D	.033	.117	-.410	.051	.001	.010	.006	.063	.069
E	.022	.954	-1.041	.053	.032	.041	.237	.261	.498
F	.033	.639	1.742	.104	.021	.172	.081	.561	.642
G	.066	-.018	.780	.055	.000	.069	.000	.427	.427
H	.033	1.304	1.395	.087	.089	.110	.404	.428	.833
I	.033	-.950	-.053	.054	.047	.000	.345	.001	.346
J	.033	-1.645	.186	.074	.142	.002	.752	.009	.761
K	.033	-1.367	.451	.078	.098	.012	.495	.050	.545
L	.033	.803	-1.297	.047	.034	.096	.281	.680	.961
M	.055	-.362	-.075	.039	.011	.001	.114	.004	.119
N	.044	1.032	-.516	.052	.075	.020	.564	.131	.695
O	.044	.735	.528	.063	.038	.021	.236	.113	.349
P	.022	.503	-1.218	.048	.009	.056	.072	.391	.463
Q	.055	-.786	-.375	.038	.054	.013	.565	.119	.684
R	.044	-.001	.623	.060	.000	.029	.000	.166	.166
S	.044	-.514	-.483	.044	.019	.018	.166	.135	.301
T	.022	-.073	.289	.059	.000	.003	.001	.018	.019
U	.044	.230	-.869	.041	.004	.057	.035	.467	.503
V	.044	.208	-.950	.044	.003	.068	.027	.523	.550
W	.044	1.328	.682	.071	.124	.035	.686	.168	.853
X	.044	-.010	.914	.066	.000	.063	.000	.324	.324
Y	.044	-1.107	-.017	.049	.086	.000	.688	.000	.688
Active Total	1.000			1.440	1.000	1.000			

a. Symmetrical normalization

　01 型資料的情形，一般是將列變數當作回答者，因之列數容易變多。是故，列變數與行變數的同時佈置圖大多不易看。因此，不光是同時佈置圖，最好也要輸出各自的佈置圖。

　佈置圖顯示於下頁。

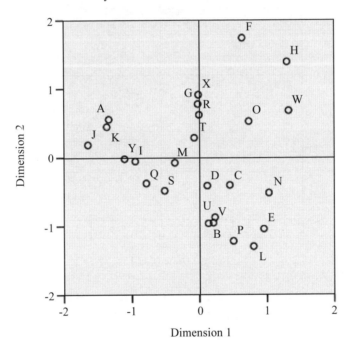

Row Points for 回答者

Symmetrical Normalization

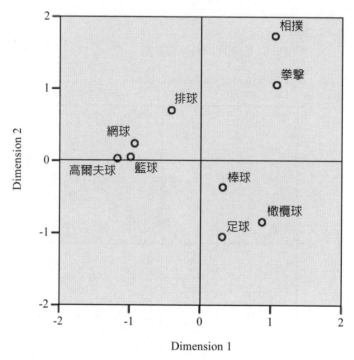

Column Points for 運動

Symmetrical Normalization

從列點數的佈置圖可以發覺誰與誰是相似的類型（選擇相同的運動）。

從行點數的佈置圖可以發覺哪一個運動之間是相似的類型（同時被選擇）。多數派的運動大多是接近原點。

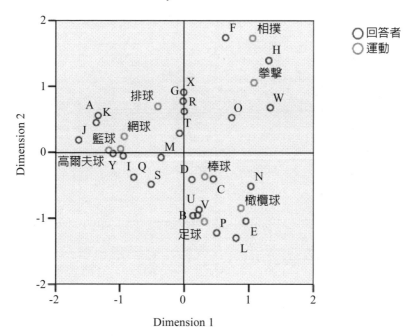

Row and Column Points

Symmetrical Normalization

以 01 型資料的同時佈置圖的缺點來說，因為列側的點多，不易了解到哪一點為止是有關某一行的元素呢？

因此，將列點數的佈置圖按行的每一個元素，作成以 1 與 0 層別後的佈置圖是最好的。譬如，以選球棒球的人（1）與不選棒球的人（0）將列點數的佈置圖加以層別（分色）。以下，按每一運動以 1 與 0 層別的佈置圖予以顯示。

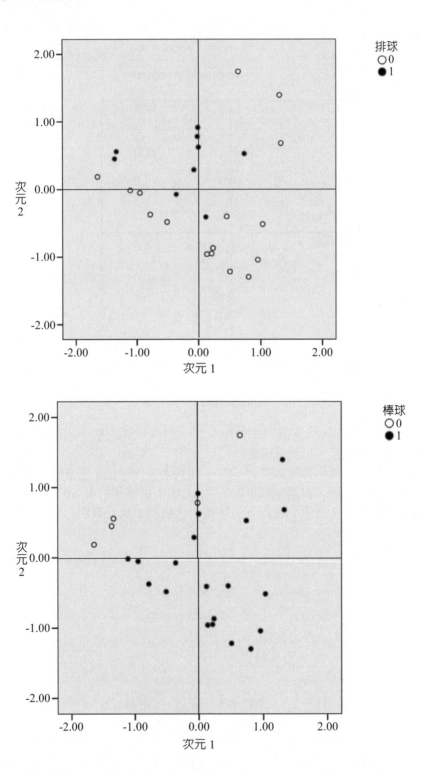

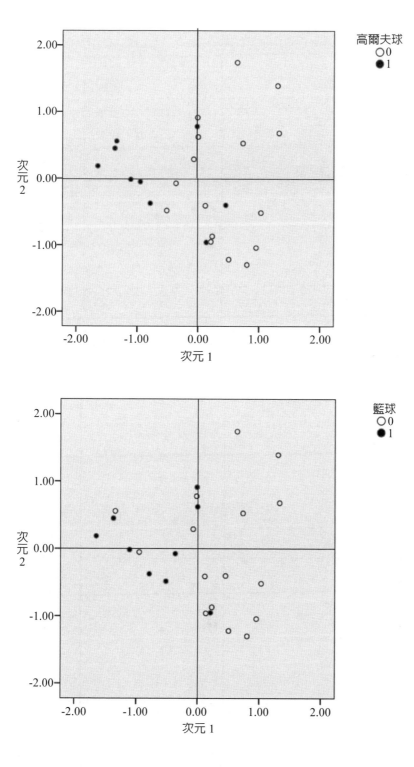

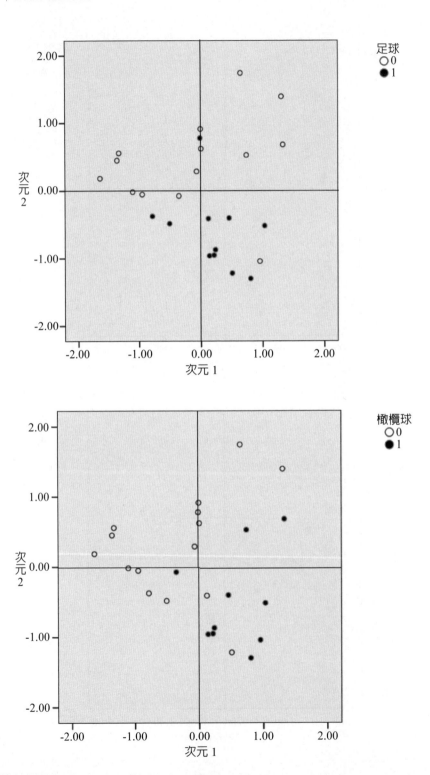

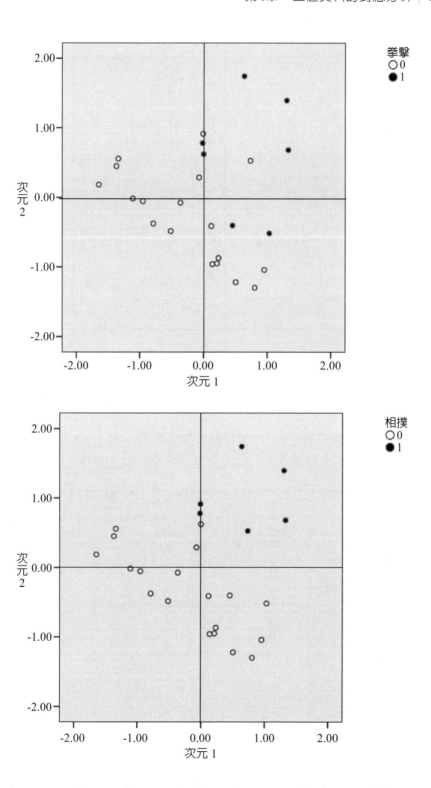

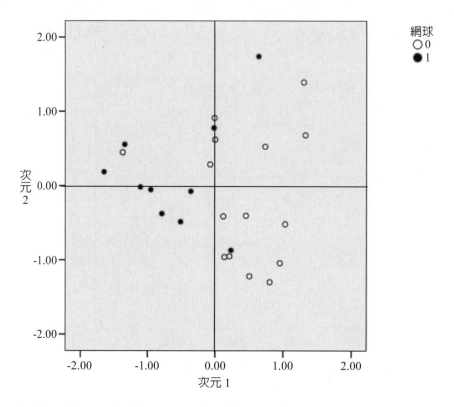

此種佈置圖,是將最初的 01 型資料表與列點數,在 SPSS 的資料檢視中如下輸入,將維度 1 與維度 2 的散佈圖一面改變標記(marker)一面製作。

	排球	棒球	高爾夫球	籃球	足球	橄欖球	拳擊	相撲	網球	次元 1	次元 2	var
1	1	0	1	0	0	0	0	0	1	-1.34	.56	
2	0	1	1	0	1	1	0	0	0	.13	-.96	
3	0	1	1	0	1	1	1	0	0	.45	-.40	
4	1	1	0	0	1	0	0	0	0	.12	-.41	
5	0	1	0	0	0	1	0	0	0	.95	-1.04	
6	0	0	0	0	0	0	1	1	1	.64	1.74	
7	1	0	1	0	1	0	1	1	1	-.02	.78	
8	0	1	0	0	0	0	1	1	0	1.30	1.40	
9	0	1	1	1	0	0	0	0	1	-.95	-.05	
10	0	0	1	1	0	0	0	0	1	-1.65	.19	
11	1	0	1	1	0	0	0	0	0	-1.37	.45	
12	0	1	0	0	1	0	0	0	0	.80	-1.30	
13	1	1	0	1	0	1	0	0	1	-.36	-.08	
14	0	1	0	0	1	0	0	0	0	1.03	-.52	
15	1	1	0	0	0	0	1	0	0	.74	.53	
16	0	1	0	0	1	0	0	0	0	.50	-1.22	
17	0	1	1	1	1	0	0	0	1	-.79	-.38	
18	1	1	0	1	0	0	1	0	0	.00	.62	
19	0	1	0	1	0	0	0	0	1	-.51	-.48	
20	1	1	0	0	0	0	0	0	0	-.07	.29	
21	0	1	0	0	1	1	0	0	1	.23	-.87	
22	0	1	0	1	1	1	0	0	0	.21	-.95	
23	0	1	0	0	0	1	1	1	0	1.33	.68	
24	1	1	0	1	0	0	0	1	0	-.01	.91	
25	0	1	1	1	0	0	0	0	1	-1.11	-.02	

4.1.2 利用類別的重排來觀察

　　將 01 型資料表中的列（回答者）按維度 1 中的列點數的遞升順序，行（運動）按維度 1 的行點數的遞升順序重排時，得出如下的 01 型資料表。

Permuted Correspondence Table According to Dimension 1

回答者	高爾夫球	籃球	網球	排球	足球	棒球	橄欖球	相撲	拳擊	Active Margin
J	1	1	1	0	0	0	0	0	0	3
K	1	1	0	1	0	0	0	0	0	3
A	1	0	1	1	0	0	0	0	0	3
Y	1	1	1	0	0	1	0	0	0	4
I	1	0	1	0	0	1	0	0	0	3
Q	1	1	1	0	1	1	0	0	0	5
S	0	1	1	0	1	1	0	0	0	4
M	0	1	1	1	0	1	1	0	0	5
T	0	0	0	1	0	1	0	0	0	2
G	1	0	1	1	1	0	0	1	1	6
X	0	1	0	1	0	1	0	1	0	4
R	0	1	0	1	0	1	0	0	1	4
D	0	0	0	1	1	1	0	0	0	3
B	1	0	0	0	1	1	1	0	0	4
V	0	0	0	1	1	1	1	0	0	4
U	0	0	1	0	1	1	1	0	0	4
C	1	0	0	0	1	1	1	1	0	5
P	0	0	0	0	1	1	0	0	0	2
F	0	0	1	0	0	0	0	1	1	3
O	0	0	0	1	0	1	1	1	0	4
L	0	0	0	0	1	1	1	0	0	3
E	0	0	0	0	0	1	1	0	0	2
N	0	0	0	0	1	1	1	0	1	4
H	0	0	0	0	0	1	0	1	1	3
W	0	0	0	0	0	1	1	1	1	4
Active Margin	9	9	10	9	11	20	10	6	7	91

　　如此一來，1 大多排列在對角線上，類別間的近似性並非從圖，而是可以從表中讀取。

　　此表如在執行對應分析的對話框中設定時，即可與一連串的分析結果一起輸出。具體言之，按一下對應分析的對話框中的「統計量」鈕時，會出現如下的對話框，勾選【對應表格的排列】，將【排列的維度上限】當作 1 即可。

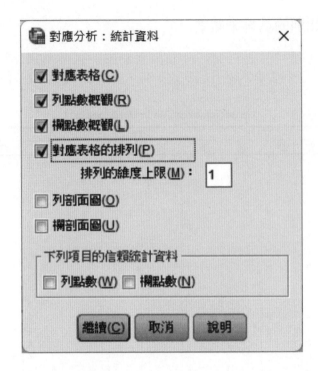

　　為了使 1 美觀地排列在對角線上，對應分析可以採取計算點數的作法。若無法美觀地排列，意指列與行的關係弱。觀察如何美觀地排列，可以計算列點數與行點數的相關係數。此數值愈接近 1，即愈形成美觀地排列。

　　本例題的情形，試計算相關係數之值達到何種程度。因之，將資料如下輸入列點數與行點數，再計算相關係數。

	回答者	運動	列分數	行分數	var
1	1	1	-1.34	-.41	
2	1	3	-1.34	-1.17	
3	1	9	-1.34	-.93	
4	2	2	.13	.32	
5	2	3	.13	-1.17	
6	2	5	.13	.31	
7	2	6	.13	.88	
8	3	2	.45	.32	
9	3	3	.45	-1.17	
10	3	5	.45	.31	
11	3	6	.45	.88	
12	3	7	.45	1.08	
13	4	1	.12	-.41	
14	4	2	.12	.32	
15	4	5	.12	.31	
16	5	2	.95	.32	
17	5	6	.95	.88	
18	6	7	.64	1.08	
19	6	8	.64	1.06	
20	6	9	.64	-.93	
21	7	1	-.02	-.41	
22	7	3	-.02	-1.17	
23	7	5	-.02	.31	
24	7	7	-.02	1.08	
25	7	8	-.02	1.06	
26	7	9	-.02	-.93	
27	8	2	1.30	.32	
28	8	7	1.30	1.08	
29	8	8	1.30	1.06	

Correlations

		列分數	行分數
列分數	Pearson Correlation	1	.627**
	Sig. (2-tailed)		.000
	N	91	91
行分數	Pearson Correlation	.627**	1
	Sig. (2-tailed)	.000	
	N	91	91

**. Correlation is significant at the 0.01 level (2-tailed).

　　相關係數是 0.627。事實上，此相關係數之值與對應分析中的 1 維度的特異質一致。並且，概化變異數與相關係數平方之值一致。

4.2 有關01型資料表的對應分析之性質

4.2.1 馬蹄形的佈置圖

■數值例 1

如以下的資料表，可見 1 美觀地排列在對角線上，試對具有此種構造的資料應用對應分析看看。

回答者	C1	C2	C3	C4	C5	C6	C7	C8	C9
1	1	0	0	0	0	0	0	0	0
2	1	1	0	0	0	0	0	0	0
3	1	1	1	0	0	0	0	0	0
4	1	1	1	1	0	0	0	0	0
5	1	1	1	1	0	0	0	0	0
6	1	1	1	1	1	0	0	0	0
7	1	1	1	1	1	0	0	0	0
8	0	1	1	1	1	0	0	0	0
9	0	0	1	1	1	0	0	0	0
10	0	0	0	1	1	0	0	0	0
11	0	0	0	0	1	1	0	0	0
12	0	0	0	0	1	1	1	0	0
13	0	0	0	0	1	1	1	1	0
14	0	0	0	0	1	1	1	1	1
15	0	0	0	0	1	1	1	1	1
16	0	0	0	0	0	1	1	1	1
17	0	0	0	0	0	1	1	1	1
18	0	0	0	0	0	0	1	1	1
19	0	0	0	0	0	0	0	1	1
20	0	0	0	0	0	0	0	0	1

對應分析的結果如下。

Summary

Dimension	Singular Value	Inertia	Chi Square	Sig.	Proportion of Inertia		Confidence Singular Value	
					Accounted for	Cumulative	Standard Deviation	Correlation 2
1	.938	.880			.508	.508	.017	.001
2	.592	.350			.202	.711	.063	
3	.476	.227			.131	.842		
4	.309	.095			.055	.897		
5	.270	.073			.042	.939		
6	.207	.043			.025	.964		
7	.193	.037			.022	.985		
8	.159	.025			.015	1.000		
Total		1.730	114.180	.990a	1.000	1.000		

a. 152 degrees of freedom

1 維度的特異值是 0.938 接近 1 之值。

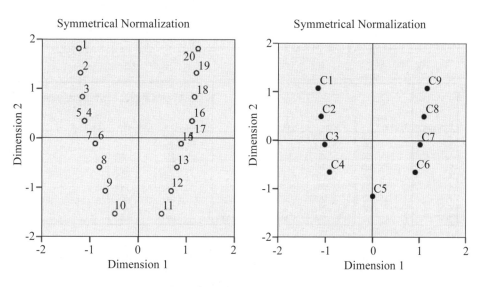

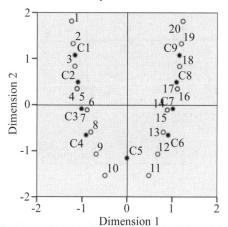

列點數與行點數均形
成二次曲線形狀的佈置
圖。

■數值例 2

以下的 01 型資料表也是形成二次曲線形狀。

回答者	C1	C2	C3	C4	C5	C6	C7	C8	C9
1	1	1	1	1	1	1	1	1	1
2	0	1	1	1	1	1	1	1	1
3	0	0	1	1	1	1	1	1	1
4	0	0	0	1	1	1	1	1	1
5	0	0	0	0	1	1	1	1	1
6	0	0	0	0	0	1	1	1	1
7	0	0	0	0	0	0	1	1	1
8	0	0	0	0	0	0	0	1	1
9	0	0	0	0	0	0	0	0	1

Summary

Dimension	Singular Value	Inertia	Chi Square	Sig.	Proportion of Inertia		Confidence Singular Value	
					Accounted for	Cumulative	Standard Deviation	Correlation 2
1	.500	.250			.463	.463	.099	.205
2	.333	.111			.206	.669	.115	
3	.250	.063			.116	.785		
4	.200	.040			.074	.859		
5	.167	.028			.051	.910		
6	.143	.020			.038	.948		
7	.125	.016			.029	.977		
8	.111	.012			.023	1.000		
Total		.540	24.290	1.000ª	1.000	1.000		

a. 64 degrees of freedom

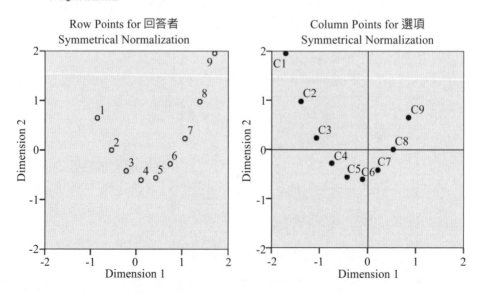

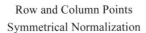

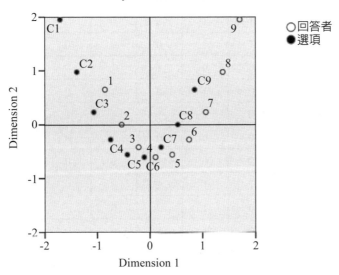

與先前的數值例一樣，列點數與行點數均形成二次曲線狀的佈置圖。

4.2.2 偏離值的影響

試觀察在 01 資料表中存在偏離值的例子。

■ 數值例 3

就以下所示的 01 資料表應用對應分析。

回答者	C1	C2	C3	C4	C5	C6	C7	C8	C9
1	1	0	1	0	0	0	0	0	0
2	0	1	1	0	1	1	0	0	0
3	0	1	1	0	1	1	1	0	0
4	1	1	0	0	1	0	0	0	0
5	0	1	0	0	0	1	0	0	0
6	0	0	0	0	0	0	1	1	0
7	1	0	1	0	1	0	1	1	0
8	0	1	0	0	0	0	1	1	0

回答者	C1	C2	C3	C4	C5	C6	C7	C8	C9
9	0	1	1	0	0	0	0	0	1
10	0	0	1	1	0	0	0	1	1
11	1	0	1	1	0	0	0	0	0
12	0	1	0	0	1	1	0	0	0
13	1	1	0	1	0	1	0	0	0
14	0	1	0	0	1	1	1	0	0
15	1	1	0	0	0	1	0	1	0
16	0	1	0	0	1	0	0	0	0
17	0	1	1	1	1	0	0	0	0
18	1	1	0	1	0	0	1	0	0
19	0	1	0	1	1	0	0	0	0
20	0	0	0	0	0	0	0	0	1

對應分析的結果如下。

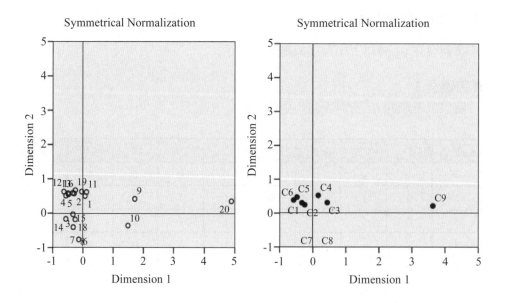

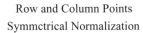

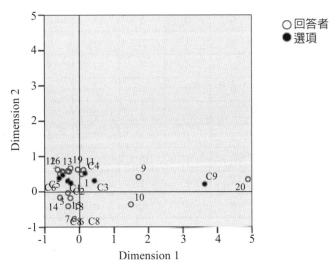

Row and Column Points
Symmetrical Normalization

　　回答者 20 只選 C9，並且 C9 只有 3 人選擇。此種時候，回答者 20 與 C9 位於相距較遠的位置，扭曲了其他類別的位置。

■數值例 4

　　就以下所示的 01 型資料表應用對應分析。

回答者	C1	C2	C3	C4	C5	C6	C7	C8	C9
1	1	0	1	0	0	0	0	0	0
2	0	1	1	0	1	1	0	0	0
3	0	1	1	0	1	1	1	0	0
4	1	1	0	0	1	0	0	0	0
5	0	1	0	0	0	1	0	0	0
6	0	0	0	0	0	0	1	1	0
7	1	0	1	0	0	0	1	1	0
8	0	1	0	0	0	0	1	1	0
9	0	1	1	0	0	0	0	0	0
10	0	0	1	1	0	0	0	1	0

回答者	C1	C2	C3	C4	C5	C6	C7	C8	C9
11	1	0	1	1	0	0	0	0	0
12	0	1	0	0	1	1	0	0	0
13	1	1	0	1	0	1	0	0	0
14	0	1	0	0	1	1	1	0	0
15	1	1	0	0	0	1	0	1	0
16	0	1	0	0	1	0	0	0	0
17	0	1	1	1	1	0	0	0	0
18	1	1	0	1	0	0	1	0	0
19	0	1	0	1	1	0	0	0	0
20	0	0	0	0	0	0	0	0	1

回答者 20 只選擇 C9，且 C9 只被回答者 20 所選擇。

此時 20 與 C9 形成完全地 1 對 1 的對應關係。

對此 01 型資料表進行對應分析的結果即為如下。

Summary

Dimension	Singular Value	Inertia	Chi Square	Sig.	Proportion of Inertia		Confidence Singular Value	
					Accounted for	Cumulative	Standard Deviation	Correlation 2
1	1.000	1.000			.411	.411	.000	.000
2	.634	.403			.165	.576	.078	
3	.602	.362			.149	.724		
4	.438	.192			.079	.803		
5	.419	.176			.072	.875		
6	.384	.147			.060	.936		
7	.308	.095			.039	.975		
8	.248	.062			.025	1.000		
Total		2.436	153.458	.452[a]	1.000	1.000		

a. 152 degrees of freedom

特異值是 1。雖然理論上是有可能的，但在實際的場合中是不被考慮的數值。

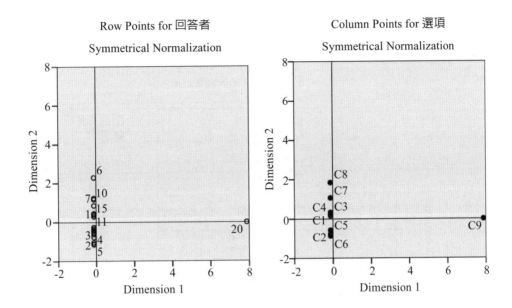

由圖可知回答者 20 與 C9 位於遠離佈置圖的右側，其它點則位在左側縱向排列著。如有 1 對 1 相對應的列與行時，即形成此種佈置圖。

除去回答者 20 與 C9，再度應用對應分析時，即改變成如下方的佈置圖。

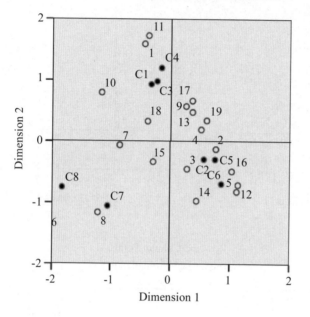

第 5 章
多重對應分析簡介

本章內容

5.1 項目類別型資料表的解析

例題 5-1

就有關飲食的偏好實施了以下的意見調查。進行以下 6 個詢問。

Q1 您最喜歡那一種酒類飲料？
   1. 日本酒　　　　　2. 啤酒　　　　　3. 葡萄酒

Q2 您最喜歡那一種飲食？
   1. 日式　　　　　　2. 中式　　　　　3. 西式

Q3 以喝酒類飲料時的佐料來說，您最喜歡何者？
   1. 蔬菜　　　　　　2. 巧克力　　　　3. 乳酪

Q4 您最喜歡哪一種飲料？
   1. 日本茶　　　　　2. 咖啡　　　　　3. 紅茶

Q5 味道的偏好是何者？
   1. 淡味　　　　　　2. 濃味

Q6 晚餐大多是在何處進食？
   1. 自宅　　　　　　2. 外地

對 20 人實施意見調查的回答結果作成一覽表，即為下頁的資料表。試對此資料，應用多重對應分析（multiple correspondence analysis）。

5.1.1 針對項目類別型資料表的對應分析

如本例題有數個詢問，各詢問採單一回答形式 (從數個選項中只能選出一個)，將回答者配置於列，問項配置於行，將回答結果作成一覽的資料表，稱為項目類別型資料表。對於項目類別型資料表的對應分析，可以應用多重對應分析。

資料表

回答者	Q1	Q2	Q3	Q4	Q5	Q6
1	3	2	2	2	2	2
2	3	3	3	2	2	2
3	3	2	1	2	2	1
4	3	3	3	3	2	2
5	1	1	1	2	1	1
6	3	3	2	1	2	1
7	1	1	1	2	1	2
8	2	2	2	2	1	2
9	2	2	3	3	2	2
10	1	1	2	2	1	2
11	3	2	1	2	2	1
12	2	2	1	1	1	1
13	1	1	2	2	1	1
14	1	1	3	3	1	2
15	3	3	3	3	2	2
16	1	2	1	1	1	1
17	2	2	1	1	1	1
18	3	3	3	3	2	2
19	1	1	3	3	1	2
20	2	3	2	2	2	1

■多重對應分析的結果

如應用多重對應分析時，可得出如下的結果。

①概化變異數

Model Summary

Dimension	Cronbach's Alpha	Variance Accounted For		
		Total (Eigenvalue)	Inertia	% of Variance
1	.835	3.287	.548	54.785
2	.720	2.500	.417	41.664
Total		5.787	.964	
Mean	.785[a]	2.893	.482	48.225

a. Mean Cronbach's Alpha is based on the mean Eigenvalue.

此處，維度的數目是 2，多重對應分析中的最大維度數是：

$$類別的總數 - 項目數（詢問數）$$

因此，本例題中的最大維度數是 $(3 + 3 + 3 + 3 + 2 + 2) - 6 = 10$。當求到最大維度數為止的概化變異數之值即為如下。

Model Summary

Dimension	Cronbach's Alpha	Variance Accounted For		
		Total (Eigenvalue)	Inertia	% of Variance
1	.835	3.287	.548	54.785
2	.720	2.500	.417	41.664
3	.387	1.476	.246	24.602
4	.007	1.006	.168	16.764
5	-.283	.809	.135	13.487
6	-1.691	.415	.069	6.919
7	-3.449	.258	.043	4.302
8	-9.556	.112	.019	1.860
9	-13.491	.082	.014	1.361
10	-20.464	.055	.009	.923
Total		10.000	1.667	
Mean	.000[a]	1.000	.167	16.667

a. Mean Cronbach's Alpha is based on the mean Eigenvalue.

慣性（概化變異數）的總計是：

$$類別總數 / 項目數 - 1$$

因此，本例題中的概化變異數的總計即為 $(3 + 3 + 3 + 3 + 2 + 2)/6 - 1 = 1.667$。

②類別的數量化（行點數＝變數點數）

Q1

Points: Coordinates

Category	Frequency	Centroid Coordinates Dimension 1	2
日本酒	7	.467	1.205
啤酒	5	.582	-.728
葡萄酒	8	-.773	-.599

Variable Principal Normalization.

Q2

Points: Coordinates

Category	Frequency	Centroid Coordinates Dimension 1	2
日式	6	.327	1.430
中式	8	.559	-.679
西式	6	-1.073	-.524

Variable Principal Normalization.

Q3

Points: Coordinates

Category	Frequency	Centroid Coordinates Dimension 1	2
蔬菜	7	.890	-.218
巧克力	6	.297	-.138
乳酪	7	-1.144	.337

Variable Principal Normalization.

Q4

Points: Coordinates

Category	Frequency	Centroid Coordinates Dimension 1	2
日本茶	4	.956	-.808
紅茶	10	.293	.052
咖啡	6	-1.126	.451

Variable Principal Normalization.

Q5

Points: Coordinates

Category	Frequency	Centroid Coordinates Dimension 1	2
淡味	10	.692	.606
濃味	10	-.692	-.606

Variable Principal Normalization.

Q6

Points: Coordinates

Category	Frequency	Centroid Coordinates Dimension 1	2
自宅	10	.733	-.462
外地	10	-.733	.462

Variable Principal Normalization.

③類別的佈置圖

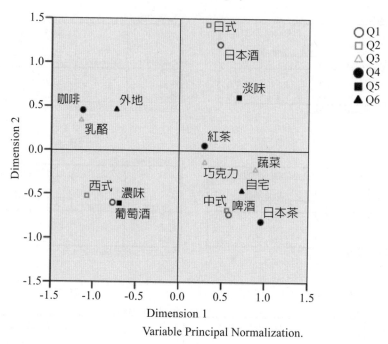

Joint Plot of Category Points

Variable Principal Normalization.

如圖可以解釋如下傾向，譬如：

- 偏好日本酒的人是偏好日式。
- 偏好葡萄酒的人是偏好西式。
- 偏好啤酒的人是偏好中式。

④已變換之變數的相關係數

Correlations Transformed Variables

Dimension: 1

	Q1	Q2	Q3	Q4	Q5	Q6
Q1	1.000	.525	.260	.173	.793	.223
Q2	.525	1.000	.524	.294	.593	.263
Q3	.260	.524	1.000	.862	.350	.748
Q4	.173	.294	.862	1.000	.267	.717
Q5	.793	.593	.350	.267	1.000	.200
Q6	.223	.263	.748	.717	.200	1.000
Dimension	1	2	3	4	5	6
Eigenvalue	3.287	1.592	.535	.320	.174	.093

　　觀察套用點數後之變數間 (行間) 的相關係數，可以掌握哪一個變數與哪
一變數的關係強度。

⑤物件變數（列點數）

Object Scores

Case Number	Dimension 1	Dimension 2
1	-.319	-.602
2	-1.254	-.351
3	.308	-1.004
4	-1.686	-.192
5	1.035	1.046
6	-.168	-1.254
7	.589	1.415
8	.960	-.539
9	-.777	-.307
10	.409	1.448
11	.308	-1.004
12	1.342	-.917
13	.855	1.079
14	-.462	1.795
15	-1.686	-.192
16	1.307	-.143
17	1.342	-.917
18	-1.686	-.192
19	-.462	1.795
20	.043	-.961

Variable Principal Normalization.

⑥ 物件的佈置圖

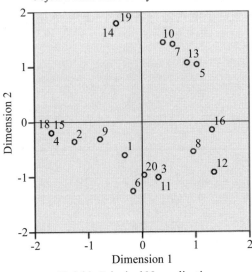

Object Points Labeled by Casenumbers

Variable Principal Normalization.

回答方式相似的人之間其位於相近。

⑦ 判別測量

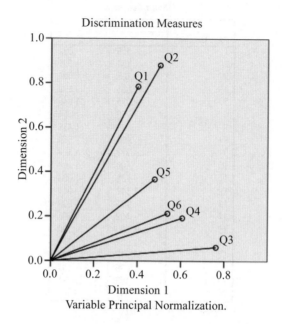

從此圖形，可以觀察原有的資訊能以各維度說明的程度。Q1 與 Q2 的資訊，知能以維度 2 說明的比率多，Q3 的資訊能以維度 1 說明的比率多。另一方面，Q5 的資訊無法以維度 1 與維度 2 加以說明。

試從別的觀點驗證此事看看。因之，將物件點數的佈置圖以各詢問的回答結果顯示。觀察佈置圖上能否區分各類別，即可驗證哪一個維度可以適切說明原有的資訊。

Object Points Labeled by Q1

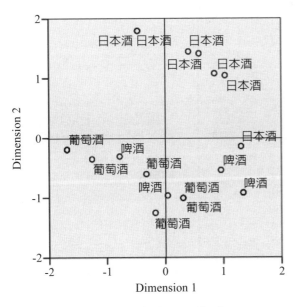

Variable Principal Normalization.

維度 1，無法充分判別 3
個類別；而維度 2，日本酒
位於上側，可以區分日本
酒與其它的類別。

Object Points Labeled by Q2

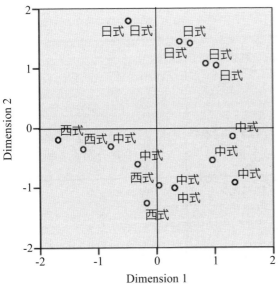

Variable Principal Normalization.

維度 1，無法充分判別 3
個類別；而維度 2，日式位
於上側，可以區分日式與
其他類別。

Object Points Labeled by Q3

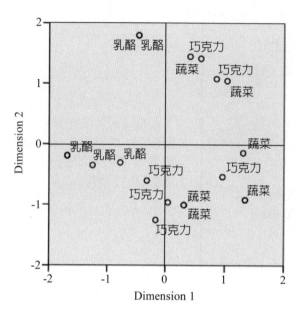

Variable Principal Normalization.

維度 1，乳酪位於左側，可以區分與其他的類別；而維度 2 無法充分區別 3 個類別。

Object Points Labeled by Q4

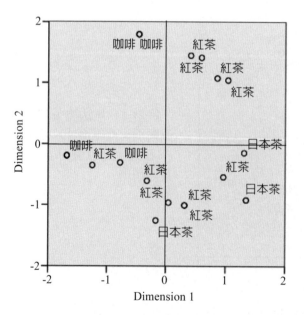

Variable Principal Normalization.

不管是維度 1 或維度 2 均無法充分區別 3 個類別。

Object Points Labeled by Q5

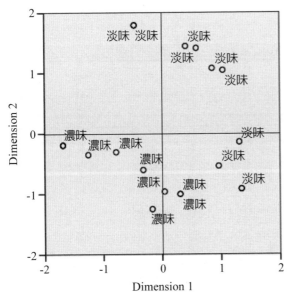

Variable Principal Normalization.

不管是維度 1 或維度 2
均無法充分區別 3 個類別。

Object Points Labeled by Q6

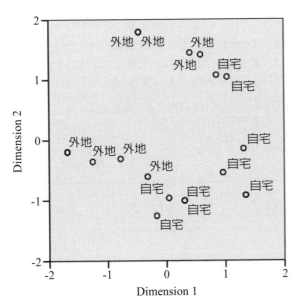

Variable Principal Normalization.

不管是維度 1 或維度 2
均無法區別 3 個類別。

5.1.2 利用 SPSS 的多重對應分析的步驟

步驟 1　資料的輸入

	Q1	Q2	Q3	Q4	Q5	Q6	var
1	3	2	2	2	2	2	
2	3	3	3	2	2	2	
3	3	2	1	2	2	1	
4	3	3	3	3	2	2	
5	1	1	1	2	1	1	
6	3	3	2	1	2	1	
7	1	1	1	2	1	2	
8	2	2	2	2	1	1	
9	2	2	3	3	2	2	
10	1	1	2	2	1	2	
11	3	2	1	2	2	1	
12	2	2	1	1	1	1	
13	1	1	2	2	1	1	
14	1	1	3	3	1	2	
15	3	3	3	3	2	2	
16	1	2	1	1	1	1	
17	2	2	1	1	1	1	
18	3	3	3	3	2	2	
19	1	1	3	3	1	2	
20	2	3	2	2	2	1	

步驟 2　數值標記的設定

　　　　使用變數檢視的數值標記的機能，以如下設定數值的標記。

　　　　Q_1 的情形　　1→日本酒　　2→啤酒　　　3→葡萄酒

　　　　Q_2 的情形　　1→日式　　　2→中式　　　3→西式

　　　　Q_3 的情形　　1→蔬菜　　　2→巧克力　　3→乳酪

　　　　Q_4 的情形　　1→日本茶　　2→紅茶　　　3→咖啡

　　　　Q_5 的情形　　1→淡味　　　2→濃味

　　　　Q_6 的情形　　1→自家　　　2→外地

步驟 3 分析的執行
①〔分析〕→〔資料縮減〕→〔最適尺度法〕。
按一下〔定義〕。

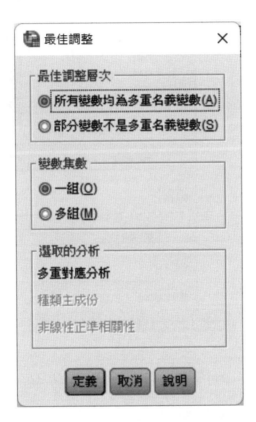

②輸出內容的設定
　決定要輸出的結果。

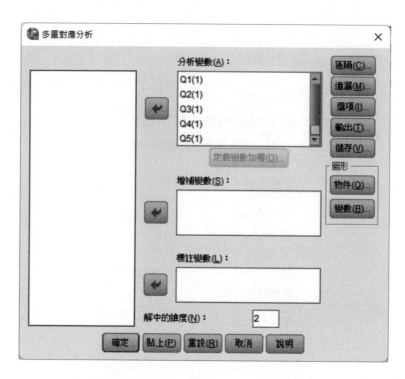

　如圖於〔分析變數〕中投入「$Q_1, Q_2, Q_3, Q_4, Q_5, Q_6$」。〔解中的維度〕此處設定「2」。
按一下〔輸出〕鈕。

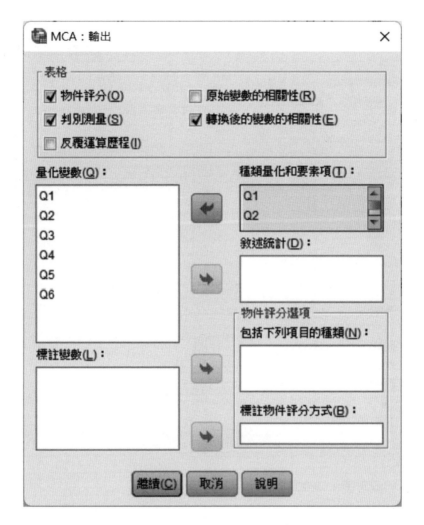

勾選〔物件評分〕、〔判別測量〕、〔轉換後的變數的相關
性〕。

於〔種類量化與要素項〕中投入「$Q_1, Q_2, Q_3, Q_4, Q_5, Q_6$」。

按〔繼續〕。

③設定圖形

決定要輸出的圖形。

最初按一下〔物件〕。

出現如下的對話框。

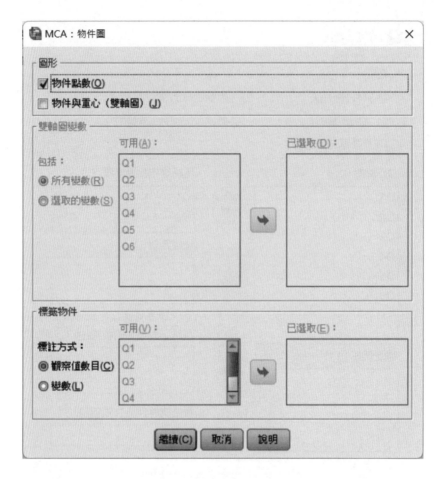

如圖勾選〔物件點數〕，按〔繼續〕。

Tea Break

> （註 1）與對應分析的時候一樣，想製作物件（列）與變數（行）的同時佈置圖時，也勾選〔物件與重心（雙軸圖）〕。
>
> （註 2）想在物件的佈置圖上提示各詢問的回答結果時，在〔標籤物件〕中勾選〔變數〕，於〔可用〕中輸入「$Q_1, Q_2, Q_3, Q_4, Q_5, Q_6$」。

接著，按一下〔變數〕。
出現如下的對話框。

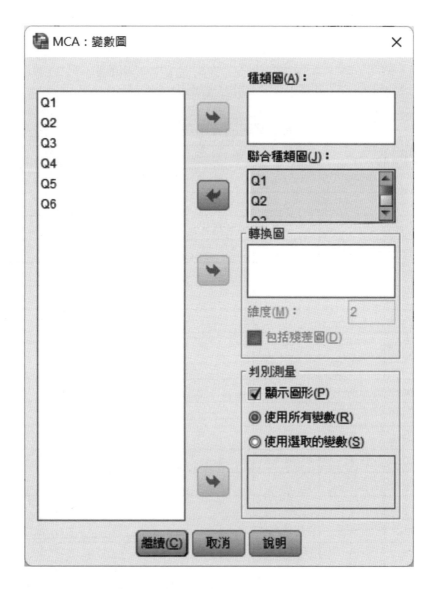

於〔聯合種類圖〕中投入「$Q_1, Q_2, Q_3, Q_4, Q_5, Q_6$」。
按一下〔繼續〕。
再按一下〔確定〕。
即可輸出多重對應分析的結果。

5.2 多重對應分析中資料處理的機能

5.2.1 遺漏值的處理

　　在意見調查中的資料，常有因無回應而發生遺漏值的情形。譬如，對 20 人詢問 6 個問題時，第 19 號的回答者在詢問 1 中並未回答，第 20 號回答者對詢問 2 並未回答，此情形即為如下的資料表。

〈有遺漏值的資料表（1）〉

回答者	Q_1	Q_2	Q_3	Q_4	Q_5	Q_6
1	3	2	2	2	2	2
2	3	3	3	2	2	2
3	3	2	1	2	2	1
4	3	3	3	3	2	2
5	1	1	1	2	1	1
6	3	3	2	1	2	1
7	1	1	1	2	1	2
8	2	2	2	2	1	1
9	2	2	3	3	2	2
10	1	1	2	2	1	2
11	3	2	1	2	2	1
12	2	2	1	1	1	1
13	1	1	2	2	1	1
14	1	1	3	3	2	2
15	3	3	3	3	2	2
16	1	2	1	1	1	1
17	2	2	1	1	1	1
18	3	3	3	3	2	2
19		1	3	3	1	2
20	2		2	2	2	1

有遺漏值時以處理方式來說，可以考慮如下 3 種方法：

①刪除有遺漏值的回答者（物件）。

②刪除有遺漏值的詢問（變數）。

③補充遺漏值。

以遺漏值的處理來說，①似乎是輕鬆容易。可是，像以下的情形就會很困擾。

〈有遺漏值的資料表（2）〉

回答者	Q_1	Q_2	Q_3	Q_4	Q_5	Q_6
1	3	2	2	2	2	2
2	3	3		2	2	2
3	3	2	1	2	2	1
4	3	3	3	3		2
5	1	1	1	2	1	
6	3	3	2	1	2	
7	1	1	1	2		2
8	2	2	2	2	1	1
9	2	2		3	2	2
10	1		2	2	1	2
11		2	1	2	2	1
12		2	1	1	1	1
13	1		2	2	1	1
14	1	1		3	1	2
15	3	3	3		2	2
16	1	2	1	1		1
17	2	2	1	1	1	
18	3	3	3	3	2	
19		1	3	3	1	2
20	2		2	2	2	1

有遺漏值的回答者如以刪除的方式處理時，有效的回答者只剩下第 1、第 3、第 8 等 3 人。此種狀況時，要採取補充遺漏值的方法。

補充遺漏值時，有使用眾數估計遺漏值的方法，以及想成有「無回答」的類別，重新追加類別的方法。

就使用眾數估計的方法來說明。譬如，在資料表（1）中的情形，即成為如下的統計結果。

類別	回答者
1	6
2	5
3	8
無回答	1
合計	20

因此眾數是 3，此時以遺漏值的估計來說使用 3，即為使用眾數的使用方法。估計後，成為如下的統計結果。

類別	回答者
1	6
2	5
3	9
合計	20

若眾數有 2 個以上時，即從眾數中隨機選出，但此方法對於遺漏值甚多的詢問來說最好避免。

另一方面，可追加無回答的類別，在 Q1 的情形中，將無回答的人視為第 4 類的回答。此時，成為如下的統計結果。

類別	回答者
1	6
2	5
3	8
4	1
合計	20

接著，也可設想有如下所示的情形。這是遺漏值集中在某特定的詢問的狀況。

〈有遺漏值的資料表（3）〉

回答者	Q_1	Q_2	Q_3	Q_4	Q_5	Q_6
1	3	2	2	2	2	2
2	3	3	3	2		2
3	3	2	1	2	2	1
4	3	3	3	3		2
5	1	1	1	2		1
6	3	3	2	1	2	1
7	1	1	1	2	1	2
8	2	2	2	2		1
9	2	2	3	3		2
10	1	1	2	2		2
11	3	2	1	2		1
12	2	2	1	1		1
13	1	1	2	2		1
14	1	1	3	3		2
15	3	3	3	3		2
16	1	2	1	1		1
17	2	2	1	1		1
18	3	3	3	3	2	2
19		1	3	3		2
20	2		2	2		1

此情形，若將有遺漏值的回答者如以刪除的方法處理時，則 Q5 會有甚多的遺漏值，有效的回答者只剩下 5 人。此種情況時，刪除 Q5 的方法或許較好吧！

如以上所見，對遺漏值的處理方法，取決於遺漏值的個數或在哪種情況下發生遺漏值而採取不同的方法，哪一種處理方法最佳並不能一概而論。

SPSS 的多重對應分析，內載有處理此種遺漏值的方法，以先前的資料表 (1) 來介紹。

步驟 1 首先，如下輸入資料，遺漏值當做空欄。

	Q1	Q2	Q3	Q4	Q5	Q6	var
1	3	2	2	2	2	2	
2	3	3	3	2	2	2	
3	3	2	1	2	2	1	
4	3	3	3	3	2	2	
5	1	1	1	2	1	1	
6	3	3	2	1	2	1	
7	1	1	1	2	1	2	
8	2	2	2	2	1	1	
9	2	2	3	3	2	2	
10	1	1	2	2	1	2	
11	3	2	1	2	2	1	
12	2	2	1	1	1	1	
13	1	1	2	2	1	1	
14	1	1	3	3	1	2	
15	3	3	3	3	2	2	
16	1	2	1	1	1	1	
17	2	2	1	1	1	1	
18	3	3	3	3	2	2	
19	.	1	3	3	1	2	
20	2	.	2	2	2	1	

留意 Q1 的第 19 個與 Q2 的第 20 個有空欄。

步驟 2 從清單依循〔分析〕→〔資料縮減〕→〔最適尺度法〕→〔多重對應分析〕，於是出現多重對應分析的最初對話框。

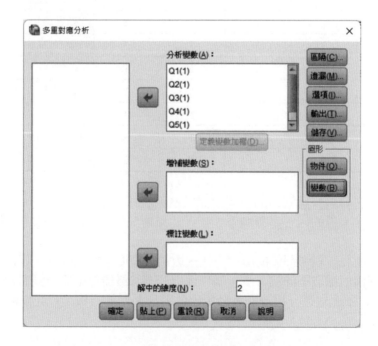

將「Q1、Q2、Q3、Q4、Q5、Q6」投入到〔分析變數〕中。

按一下〔遺漏〕鈕。

從此處起，對遺漏值依採取何種方法來處理，步驟即有所不同。

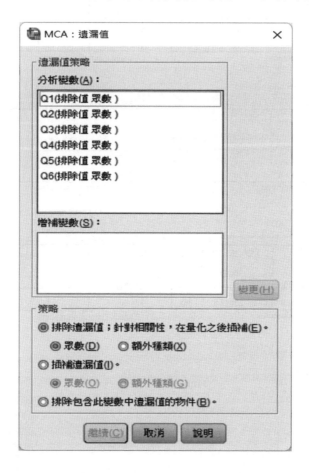

步驟 3

〔形式 1〕　想刪除有遺漏值的物件時

將有遺漏值的回答者從分析的對象中刪除。

在〔分析變數〕中選擇「Q1、Q2、Q3、Q4、Q5、Q6」。

勾選〔排除遺漏值；針對相關性，在量化之後、刪除變數中有遺漏值的物件〕、〔眾數〕。

經如此設定後再執行多重對應分析時，即可得出如下的輸出結果。由於在任一欄中均刪除有遺漏值的 2 列，因之注意次數的合計並非 20，而是 18。

Q1

Points: Coordinates

Category	Frequency	Centroid Coordinates	
		Dimension	
		1	2
日本酒	6	.689	1.111
啤酒	4	.577	-.994
葡萄酒	8	-.805	-.336

Variable Principal Normalization.

Q2

Points: Coordinates

Category	Frequency	Centroid Coordinates	
		Dimension	
		1	2
日式	5	.598	1.440
中式	8	.434	-.795
西式	5	-1.292	-.168

Variable Principal Normalization.

Q3

Points: Coordinates

Category	Frequency	Centroid Coordinates	
		Dimension	
		1	2
蔬菜	7	.782	-.374
巧克力	5	.354	.296
乳酪	6	-1.207	.190

Variable Principal Normalization.

Q4

Points: Coordinates

Category	Frequency	Centroid Coordinates	
		Dimension	
		1	2
日本茶	4	.769	-1.084
紅茶	9	.326	.363
咖啡	5	-1.203	.215

Variable Principal Normalization.

Q5

Points: Coordinates

Category	Frequency	Centroid Coordinates	
		Dimension	
		1	2
淡味	9	.804	.361
濃味	9	-.804	-.361

Variable Principal Normalization.

Q6

Points: Coordinates

Category	Frequency	Centroid Coordinates	
		Dimension	
		1	2
自宅	9	.702	-.463
外地	9	-.702	.463

Variable Principal Normalization.

行點數的佈置圖即為如下。

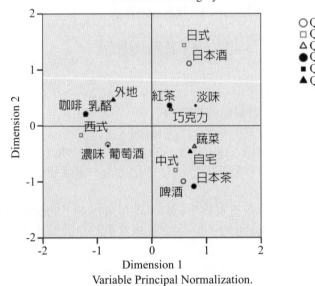

Joint Plot of Category Points

Variable Principal Normalization.

另一方面，列點數及佈置圖如下。
由於第 19 與第 20 的列點數是空攔，故知己被刪除。
佈置圖上第 19 與第 20 並未被描點

Object Scores

Case Number	Dimension	
	1	2
1	-.328	-.157
2	-1.228	.066
3	.174	-.846
4	-1.647	.001
5	1.068	1.050
6	-.295	-.910
7	.684	1.449
8	.876	-.531
9	-.795	-.554
10	.567	1.738
11	.174	-.846
12	1.114	-1.445
13	.951	1.339
14	-.280	1.626
15	-1.647	.001
16	1.145	-.537
17	1.114	-1.445
18	-1.647	.001
19ª	.	.
20ª	.	.

Variable Principal Normalization.

a. Excluded case.

Object Points Labeled by Casenumbers

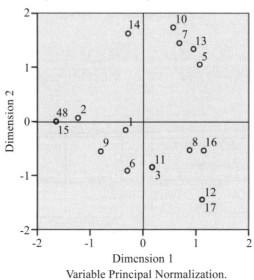

Variable Principal Normalization.

〔形式 2 〕 想以眾數估計遺漏值時
　當以眾數補充遺漏值時，在先前的對話框中，勾選〔插補遺漏值〕、〔眾數〕。

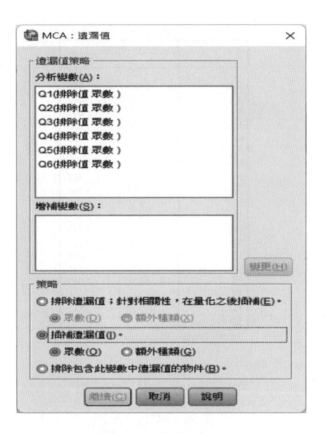

執行多重對應分析時，可得出如下的輸出結果。
有遺漏值的 2 列並未被刪除，因之次數的合計是 20。

Q1

Points: Coordinates

		Centroid Coordinates	
		Dimension	
Category	Frequency	1	2
日本酒	6	.588	-1.249
啤酒	5	.675	.821
葡萄酒	9	-.767	.376

Variable Principal Normalization.

Q2

Points: Coordinates

		Centroid Coordinates	
		Dimension	
Category	Frequency	1	2
日式	6	.235	-1.446
中式	9	.559	.723
西式	5	-1.288	.433

Variable Principal Normalization.

Q3

Points: Coordinates

Category	Frequency	Centroid Coordinates	
		Dimension	
		1	2
蔬菜	7	.846	.144
巧克力	6	.410	.049
乳酪	7	-1.197	-.185

Variable Principal Normalization.

Q4

Points: Coordinates

Category	Frequency	Centroid Coordinates	
		Dimension	
		1	2
日本茶	4	.891	.804
紅茶	10	.359	-.163
咖啡	6	-1.192	-.264

Variable Principal Normalization.

Q5

Points: Coordinates

Category	Frequency	Centroid Coordinates	
		Dimension	
		1	2
淡味	10	.612	-.608
濃味	10	-.612	.608

Variable Principal Normalization.

Q6

Points: Coordinates

Category	Frequency	Centroid Coordinates	
		Dimension	
		1	2
自宅	10	.766	.403
外地	10	-.766	-.403

Variable Principal Normalization.

行佈置圖如下。

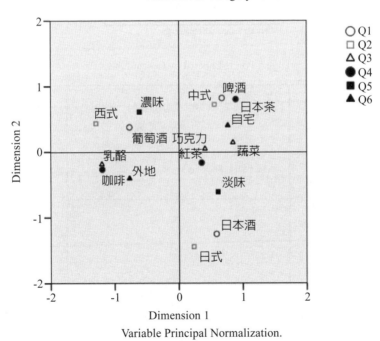

Joint Plot of Category Points

Variable Principal Normalization.

另一方面，列點數及佈置圖如下。
可知第 19 與第 20 的列點數已被計算。
佈置圖上第 19 與 20 已被描點

Object Scores

Case Number	Dimension 1	Dimension 2
1	-.236	.510
2	-1.232	.286
3	.332	.899
4	-1.679	.244
5	.982	-1.255
6	-.173	1.149
7	.540	-1.602
8	.975	.526
9	-.731	.560
10	.414	-1.644
11	.332	.899
12	1.254	.985
13	.856	-1.298
14	-.496	-1.786
15	-1.679	.244
16	1.229	.095
17	1.254	.985
18	-1.679	.244
19	-.887	-1.087
20	.622	1.049

Variable Principal Normalization.

Object Points Labeled by Casenumbers

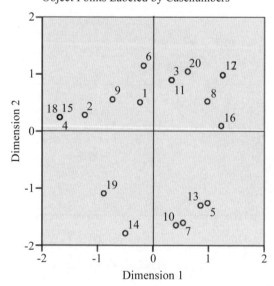

Variable Principal Normalization.

〔形式 3〕　以附加類別估計遺漏值時

　　將遺漏值以附加無回答的分類來補充時，在先前的對話框中，勾選〔插補遺漏值〕、〔額外種類〕。

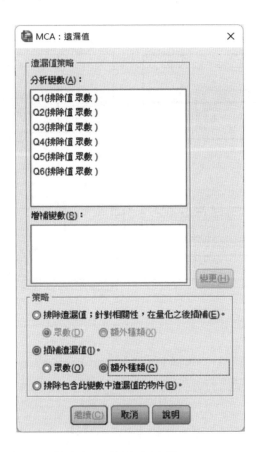

　　執行多重對應分析，可得出如下的輸出結果。

<table>
<tr><td colspan="5" align="center">Q1</td></tr>
<tr><td colspan="5">Points: Coordinates</td></tr>
<tr><td></td><td></td><td colspan="2" align="center">Centroid Coordinates</td></tr>
<tr><td></td><td></td><td colspan="2" align="center">Dimension</td></tr>
<tr><td>Category</td><td>Frequency</td><td>1</td><td>2</td></tr>
<tr><td>日本酒</td><td>6</td><td>.574</td><td>1.102</td></tr>
<tr><td>啤酒</td><td>5</td><td>.684</td><td>-.657</td></tr>
<tr><td>葡萄酒</td><td>8</td><td>-.738</td><td>-.670</td></tr>
<tr><td>Extra Category</td><td>1</td><td>-.961</td><td>2.038</td></tr>
</table>

Variable Principal Normalization.

<table>
<tr><td colspan="5" align="center">Q2</td></tr>
<tr><td colspan="5">Points: Coordinates</td></tr>
<tr><td></td><td></td><td colspan="2" align="center">Centroid Coordinates</td></tr>
<tr><td></td><td></td><td colspan="2" align="center">Dimension</td></tr>
<tr><td>Category</td><td>Frequency</td><td>1</td><td>2</td></tr>
<tr><td>日式</td><td>6</td><td>.210</td><td>1.430</td></tr>
<tr><td>中式</td><td>8</td><td>.556</td><td>-.566</td></tr>
<tr><td>西式</td><td>5</td><td>-1.275</td><td>-.561</td></tr>
<tr><td>Extra Category</td><td>1</td><td>.666</td><td>-1.253</td></tr>
</table>

Variable Principal Normalization.

　　Q1 與 Q2 因有遺漏值，故可見「無回答」的類別已被附加（附加類）。另一方面，如以下所示，Q3、Q4、Q5、Q6 因並無遺漏值，因之附加類並未出現。

Q3

Points: Coordinates

Category	Frequency	Centroid Coordinates	
		Dimension	
		1	2
蔬菜	7	.845	-.081
巧克力	6	.420	-.201
乳酪	7	-1.205	.253

Variable Principal Normalization.

Q4

Points: Coordinates

Category	Frequency	Centroid Coordinates	
		Dimension	
		1	2
日本茶	4	.895	-.601
紅茶	10	.364	.013
咖啡	6	-1.203	.379

Variable Principal Normalization.

Q5

Points: Coordinates

Category	Frequency	Centroid Coordinates	
		Dimension	
		1	2
淡味	10	.597	.697
濃味	10	-.597	-.697

Variable Principal Normalization.

Q6

Points: Coordinates

Category	Frequency	Centroid Coordinates	
		Dimension	
		1	2
自宅	10	.773	-.383
外地	10	-.773	.383

Variable Principal Normalization.

　　行點數的佈置圖如下。

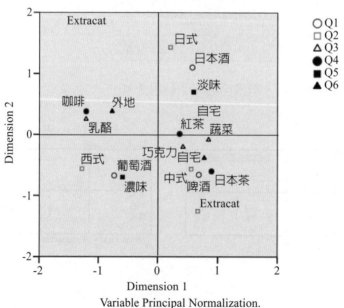

Joint Plot of Category Points

Variable Principal Normalization.

上圖中顯示「抽出（extract）」者爲附加類。

本例中顯示○是 Q1，□是 Q2 的附加類。

列點數及佈置圖如下。

Object Scores

Case Number	Dimension	
	1	2
1	-.221	-.685
2	-1.217	-.504
3	.347	-.937
4	-1.669	-.359
5	.969	1.092
6	-.150	-1.224
7	.523	1.393
8	.978	-.432
9	-.731	-.355
10	.401	1.345
11	.347	-.937
12	1.253	-.624
13	.847	1.044
14	-.519	1.669
15	-1.669	-.359
16	1.222	.068
17	1.253	-.624
18	-1.669	-.359
19	-.961	2.038
20	.666	-1.253

Variable Principal Normalization.

Object Points Labeled by Casenumbers

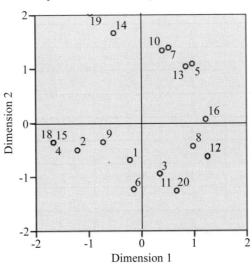

由圖知第 19 與第 20 的列點數已被計算。

佈置圖上第 19 與第 20 已被描點。

5.2.2 追加處理機能

■追加處理例

在例題 5-1 的 20 人的資料中，追加 5 人份的回答結果。因爲 5 人是未成年人，故對 Q1（酒類飲料的嗜好）的詢問並未回答。以下顯示資料表。

資料表

回答者	Q1	Q2	Q3	Q4	Q5	Q6
1	3	2	2	2	2	2
2	3	3	3	2	2	2
3	3	2	1	2	2	1
4	3	3	3	3	2	2
5	1	1	1	2	1	1
6	3	3	2	1	2	1
7	1	1	1	2	1	2
8	2	2	2	2	1	1
9	2	2	3	3	2	2
10	1	1	2	2	1	2
11	3	2	1	2	2	1
12	2	2	1	1	1	1
13	1	1	2	2	1	1
14	1	1	3	3	1	2
15	3	3	3	3	2	2
16	1	2	1	1	1	1
17	2	2	1	1	1	1
18	3	3	3	3	2	2
19	1	1	3	3	1	2
20	2	3	2	2	2	1

回答者	Q1	Q2	Q3	Q4	Q5	Q6
21		2	1	3	1	2
22		1	1	3	1	2
23		2	2	3	1	2
24		1	2	2	2	1
25		1	1	2	1	2

此種時候，將 Q1 當作輔助變數，從回答者 21 到 25 當作輔助物件，使用追加處理機能即可。

具體言之，進行如下操作。

步驟 1　輔助變數的設定

在多重對應分析的對話框中，

〔分析變數〕中投入「Q2，Q3，Q4，Q5，Q6」，

〔輔助變數〕中投入「Q1」。

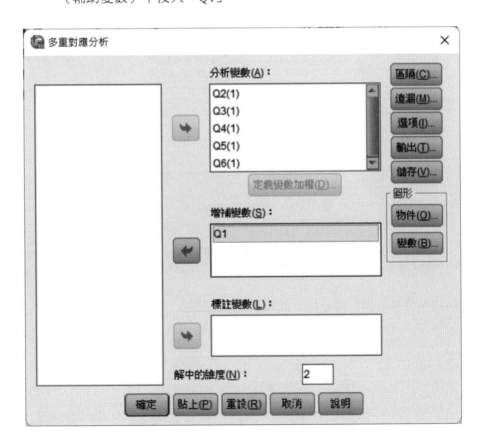

步驟 **2**　輔助物件的設定
　　　　按一下〔物件〕。
　　　　在〔觀察值範圍〕中，於〔第一個〕輸入「21」，〔最後一個〕輸入「25」，按一下〔新增〕。
　　　　之後再按一下〔繼續〕。

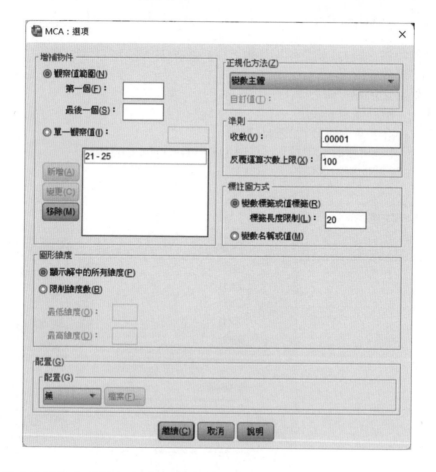

設定後實施多重對應分析，即輸出如下的結果：

①概化變異數

Model Summary

Dimension	Cronbach's Alpha	Variance Accounted For		
		Total (Eigenvalue)	Inertia	% of Variance
1	.836	3.016	.603	60.318
2	.517	1.706	.341	34.113
Total		4.722	.944	
Mean	.721ª	2.361	.472	47.215

a. Mean Cronbach's Alpha is based on the mean Eigenvalue.

②類別的數量化（行點數＝變數點數）

Q2

Points: Coordinates

Category	Frequency	Centroid Coordinates	
		Dimension	
		1	2
日式	6	.021	1.457
中式	8	.668	-.483
西式	6	-.912	-.814

Variable Principal Normalization.

Q3

Points: Coordinates

Category	Frequency	Centroid Coordinates	
		Dimension	
		1	2
蔬菜	7	.959	-.058
巧克力	6	.327	.023
乳酪	7	-1.240	.039

Variable Principal Normalization.

Q4

Points: Coordinates

Category	Frequency	Centroid Coordinates	
		Dimension	
		1	2
日本茶	4	1.065	-.778
紅茶	10	.338	.227
咖啡	6	-1.273	.140

Variable Principal Normalization.

Q5

Points: Coordinates

Category	Frequency	Centroid Coordinates	
		Dimension	
		1	2
淡味	10	.500	.727
濃味	10	-.500	-.727

Variable Principal Normalization.

Q6

Points: Coordinates

Category	Frequency	Centroid Coordinates	
		Dimension	
		1	2
自宅	10	.822	-.306
外地	10	-.822	.306

Variable Principal Normalization.

此處，當作輔助變數所設定的 Q1，即可如下輸出：

$Q1^a$

Points: Coordinates

Category	Frequency	Centroid Coordinates Dimension 1	2
日本酒	7	.208	1.174
啤酒	5	.503	-.461
葡萄酒	8	-.497	-.739

Variable Principal Normalization.

a. Supplementary variable.

可知 Q1 成為輔助變數。

③類別的佈置圖

Joint Plot of Category Points

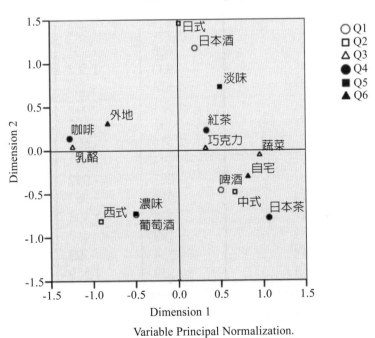

Variable Principal Normalization.

④物件個數（列點數）與佈置圖

Object Scores

Case Number	Dimension	
	1	2
1	.003	-.380
2	-1.040	-.567
3	.758	-.789
4	-1.574	-.620
5	.876	1.201
6	.266	-1.524
7	.330	1.559
8	.880	.113
9	-1.050	-.427
10	.120	1.609
11	.758	-.789
12	1.331	-.529
13	.666	1.251
14	-.933	1.563
15	-1.574	-.620
16	1.331	-.529
17	1.331	-.529
18	-1.574	-.620
19	-.933	1.563
20	.025	-.932
21 [a]	.011	.367
22 [a]	-.204	1.506
23 [a]	-.199	.417
24 [a]	.334	.399
25 [a]	.330	1.559

Variable Principal Normalization.

a. Supplementary object.

從回答者 21 到 25 可知已成為輔助物件。
佈置圖如下頁。

Object Points Labeled by Casenumbers

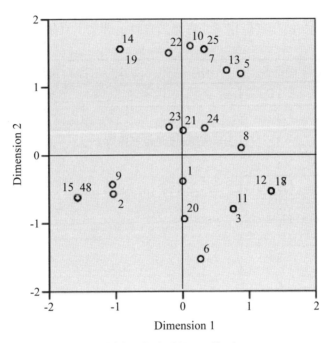

Variable Principal Normalization.

由圖可見回答者 21 到 25 已被描點到佈置圖中。

■追加處理機能的活用

　若資料之中混入有不同性質的物件與變數時，追加處理機能即爲有效的資料處理機能。以下介紹能在何種場合中活用。

【活用場面 1】

　像年度改變，但仍實施相同的意見調查時，即爲下頁所示的資料表。

	回答者	Q1	Q2	Q3	Q4
去年	1				
	2				
	3	去年意見調查的回答結果 15 人			
	4				
	5				
	6				
	7				
	8				
	9				
	10				
	11				
	12				
	13				
	14				
	15				
今年	16				
	17	今年意見調查的回答結果 15 人			
	18				
	19				
	20				
	21				
	22				
	23				

	24				
	25				
	26				
	27				
	28				
	29				
	30				

　　此時，可以考慮將今年的回答者從 16 到 30 當做輔助物件來設定的方法。如此一來，即可以視覺的方式掌控今年與去年的回答者之差異。

【活用場面 2】

　　像年度改變，但仍由相同人物回答的意見調查時，即爲如下的資料表。

回答者	去年				今年			
	Q1	Q2	Q3	Q4	Q5	Q6	Q7	Q8
1								
2	去年意見調查的回答結果				今年意見調查的回答結果			
3								
4								
5								
6								
7								
8								
9								
10								
11								
12								
13								
14								
15								

　　此時，可以考慮將今年詢問的 Q5 到 Q8 當作輔助變數來設定的方法。

　　如此一來，即可以在視覺上掌握去年的詢問與今年的詢問的不同地方。

【活用場面 3】

　　像年度改變，但仍針對相同的意見調查且由相同的人物回答時，【活用場面 1】的解析方法（16 到 30 與 1 到 15 是相同人物），與【活用場面 2】的解析方法（Q5 到 Q8 與 Q1 到 Q4 是相同詢問）均是可行的。可以在視覺上掌握今年與去年在回答上有無較大變化的回答者與詢問。

第 6 章
多重對應分析應用

本章內容

6.1 01型與項目類別型

6.1.1 表現方法的不同

試考察將項目類別型資料表以 01 型資料表來表現。

今設定有如下的項目類別型資料表。

號碼	性別	血型
1	男	A
2	男	B
3	女	AB
4	女	A
5	女	O
6	男	A
7	女	AB

此表可以改寫成如下的 01 型資料表。

號碼	男	女	A	B	AB	O
1	1	0	1	0	0	0
2	1	0	0	1	0	0
3	0	1	0	0	1	0
4	0	1	1	0	0	0
5	0	1	0	0	0	1
6	1	0	1	0	0	0
7	0	1	0	0	1	0

此兩個資料表有相同的資訊，針對 01 型資料表應用對應分析的結果，與針對項目類別型資料應用多重對應分析的結果是相同的。

因此，將先前的例題 5-1 改成 01 型資料表，應用對應分析的結果，與項目類別型資料表應用多重對應分析的結果予以對應顯示。

將例題 5-1 改寫成 01 型資料表，即為如下。

Q1			Q2			Q3			Q4			Q5		Q6	
1	2	3	1	2	3	1	2	3	1	2	3	1	2	1	2
0	0	1	0	1	0	0	1	0	0	1	0	0	1	0	1
0	0	1	0	0	1	0	0	1	0	1	0	0	1	0	1
0	0	1	0	1	0	1	0	0	0	1	0	0	1	1	0
0	0	1	0	0	1	0	0	1	0	0	1	0	1	0	1
1	0	0	1	0	0	1	0	0	0	1	0	1	0	1	0
0	0	1	0	0	1	0	1	0	1	0	0	0	1	1	0
1	0	0	1	0	0	1	0	0	0	1	0	1	0	0	1
0	1	0	0	1	0	0	1	0	0	1	0	1	0	1	0
0	1	0	0	1	0	0	0	1	0	0	1	0	1	0	1
1	0	0	1	0	0	0	1	0	0	1	0	1	0	0	1
0	0	1	0	1	0	1	0	0	0	1	0	0	1	1	0
0	1	0	0	1	0	1	0	0	1	0	0	1	0	1	0
1	0	0	1	0	0	0	1	0	0	1	0	1	0	1	0
1	0	0	1	0	0	0	0	1	0	1	0	1	0	0	1
0	0	1	0	0	1	0	0	1	0	0	1	0	1	0	1
1	0	0	0	1	0	1	0	0	1	0	0	1	0	1	0
0	1	0	0	1	0	1	0	0	1	0	0	1	0	1	0
0	0	1	0	0	1	0	0	1	0	0	1	0	1	0	1
1	0	0	1	0	0	0	0	1	0	0	1	1	0	0	1
0	1	0	0	0	1	0	1	0	0	1	0	0	1	1	0

①概化變異數

Summary

Dimension	Singular Value	Inertia
1	.740	.548
2	.645	.417
3	.496	.246
4	.409	.168
5	.367	.135
6	.263	.069
7	.207	.043
8	.136	.019
9	.117	.014
10	.096	.009
Total		1.667

a. 285 degrees of freedom

Model Summary

Dimension	Cronbach's Alpha	Variance Accounted For		
		Total (Eigenvalue)	Inertia	% of Variance
1	.835	3.287	.548	54.785
2	.720	2.500	.417	41.664
3	.387	1.476	.246	24.602
4	.007	1.006	.168	16.764
5	-.283	.809	.135	13.487
6	-1.691	.415	.069	6.919
7	-3.449	.258	.043	4.302
8	-9.556	.112	.019	1.860
9	-13.491	.082	.014	1.361
10	-20.464	.055	.009	.923
Total		10.000	1.667	
Mean	.000a	1.000	.167	16.667

a. Mean Cronbach's Alpha is based on the mean Eigenvalue.

②行點數

〈01 型對應分析的結果〉　　　　　〈多重對應分析的結果〉

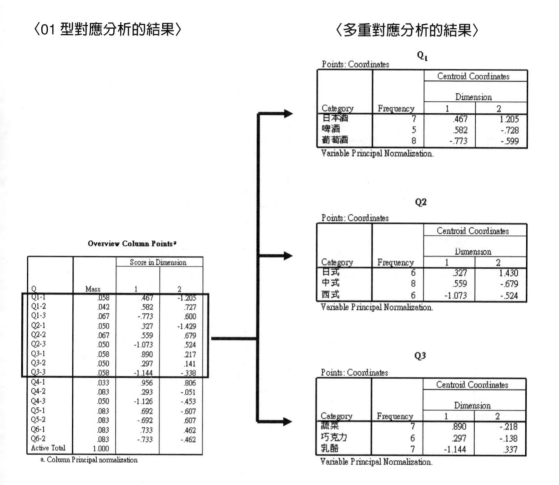

Q1

Points: Coordinates

Category	Frequency	Centroid Coordinates	
		Dimension	
		1	2
日本酒	7	.467	1.205
啤酒	5	.582	-.728
葡萄酒	8	-.773	-.599

Variable Principal Normalization.

Q2

Points: Coordinates

Category	Frequency	Centroid Coordinates	
		Dimension	
		1	2
日式	6	.327	1.430
中式	8	.559	-.679
西式	6	-1.073	-.524

Variable Principal Normalization.

Q3

Points: Coordinates

Category	Frequency	Centroid Coordinates	
		Dimension	
		1	2
蔬菜	7	.890	-.218
巧克力	6	.297	-.138
乳酪	7	-1.144	.337

Variable Principal Normalization.

Overview Column Points[a]

Q	Mass	Score in Dimension	
		1	2
Q1-1	.058	.467	-1.205
Q1-2	.042	.582	.727
Q1-3	.067	-.773	.600
Q2-1	.050	.327	-1.429
Q2-2	.067	.559	.679
Q2-3	.050	-1.073	.524
Q3-1	.058	.890	.217
Q3-2	.050	.297	.141
Q3-3	.058	-1.144	-.338
Q4-1	.033	.956	.806
Q4-2	.083	.293	-.051
Q4-3	.050	-1.126	-.453
Q5-1	.083	.692	-.607
Q5-2	.083	-.692	.607
Q6-1	.083	.733	.462
Q6-2	.083	-.733	-.462
Active Total	1.000		

a. Column Principal normalization

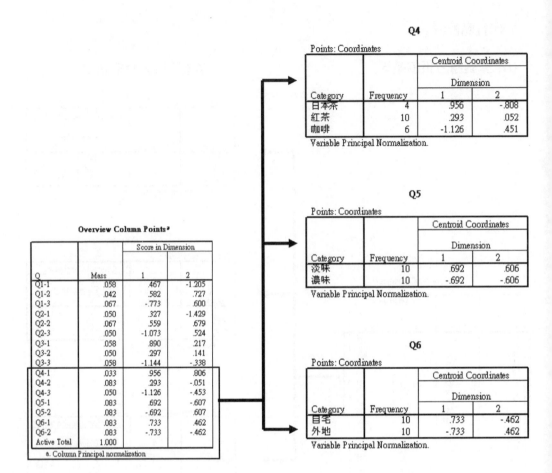

Q4

Points: Coordinates

Category	Frequency	Centroid Coordinates	
		Dimension	
		1	2
日本茶	4	.956	-.808
紅茶	10	.293	.052
咖啡	6	-1.126	.451

Variable Principal Normalization.

Q5

Points: Coordinates

Category	Frequency	Centroid Coordinates	
		Dimension	
		1	2
淡味	10	.692	.606
濃味	10	-.692	-.606

Variable Principal Normalization.

Overview Column Points[a]

Q	Mass	Score in Dimension	
		1	2
Q1-1	.058	.467	-1.205
Q1-2	.042	.582	.727
Q1-3	.067	-.773	.600
Q2-1	.050	.327	-1.429
Q2-2	.067	.559	.679
Q2-3	.050	-1.073	.524
Q3-1	.058	.890	.217
Q3-2	.050	.297	.141
Q3-3	.058	-1.144	-.338
Q4-1	.033	.956	.806
Q4-2	.083	.293	-.051
Q4-3	.050	-1.126	-.453
Q5-1	.083	.692	-.607
Q5-2	.083	-.692	.607
Q6-1	.083	.733	.462
Q6-2	.083	-.733	-.462
Active Total	1.000		

a. Column Principal normalization

Q6

Points: Coordinates

Category	Frequency	Centroid Coordinates	
		Dimension	
		1	2
自宅	10	.733	-.462
外地	10	-.733	.462

Variable Principal Normalization.

③列點數

〈01 型對應分析的結果〉　　　　　　　　　〈多重對應分析的結果〉

Overview Row Points[a]

回答者	Score in Dimension 1	2
1	-.319	.605
2	-1.254	.352
3	.308	1.005
4	-1.686	.191
5	1.035	-1.045
6	-.168	1.256
7	.589	-1.415
8	.960	.540
9	-.777	.304
10	.409	-1.445
11	.308	1.005
12	1.342	.914
13	.855	-1.075
14	-.462	-1.797
15	-1.686	.191
16	1.307	.141
17	1.342	.914
18	-1.686	.191
19	-.462	-1.797
20	.043	.964
Active Total		

a. Column Principal normalization

Object Scores

Case Number	Dimension 1	2
1	-.319	-.602
2	-1.254	-.351
3	.308	-1.004
4	-1.686	-.192
5	1.035	1.046
6	-.168	-1.254
7	.589	1.415
8	.960	-.539
9	-.777	-.307
10	.409	1.448
11	.308	-1.004
12	1.342	-.917
13	.855	1.079
14	-.462	1.795
15	-1.686	-.192
16	1.307	-.143
17	1.342	-.917
18	-1.686	-.192
19	-.462	1.795
20	.043	-.961

Variable Principal Normalization.

　　得知概化變異數的數值是一致的。即使是關於行點數、列點數，1 維度的數值也是一致的。並且，關於 2 維度也有符號逆轉的地方，但數值幾乎是一致的。符號的逆轉本質上可以想成是一致的。其數值的微妙差異，可以認爲是 SPSS 在多重對應分析中，因採用特殊的計算方法而造成的誤差。

6.1.2 全部是二項選擇的資料

對 20 人提示 6 種商品（A、B、C、D、E、F），讓他們選擇出所有喜歡的商品，進行此種有數個回答形式的意見調查，回答結果可以整理成如下的 01 型資料表。

〈01 型資料表〉

回答者	A	B	C	D	E	F
1	1	0	1	1	0	1
2	1	1	1	0	1	1
3	1	1	1	0	0	1
4	1	1	1	1	1	1
5	0	1	0	1	0	0
6	0	0	0	1	0	0
7	0	0	1	0	0	0
8	1	1	1	1	1	1
9	1	1	1	1	1	1
10	1	1	1	1	1	1
11	0	0	1	0	0	0
12	0	1	0	1	0	0
13	1	1	1	1	1	1
14	0	0	1	0	0	0
15	0	0	0	0	1	1
16	1	1	1	1	0	0
17	0	0	1	1	0	0
18	0	0	0	0	0	0
19	1	0	1	1	1	1
20	0	0	0	1	1	0

另一方面，此資料表如選擇該商品時表示 1，未選擇該商品表示 2，也可整理成如下的項目類別型資料表。

〈項目類別型資料表〉

回答者	Q1	Q2	Q3	Q4	Q5	Q6
1	1	2	1	1	2	1
2	1	1	1	2	1	1
3	1	1	1	2	2	1
4	1	1	1	1	1	1
5	2	1	2	1	2	2
6	2	2	2	1	2	2
7	2	2	1	2	2	2
8	1	1	1	1	1	1
9	1	1	1	1	1	1
10	1	1	1	1	1	1
11	2	2	1	2	2	2
12	2	1	2	1	2	2
13	1	1	1	1	1	1
14	2	2	1	2	2	2
15	2	2	2	2	1	1
16	1	1	1	1	2	2
17	2	2	1	1	2	2
18	2	2	2	2	2	2
19	1	2	1	1	1	1
20	2	2	2	1	1	2

　如果是 01 型資料表即以對應分析，如果是項目類別型資料表即以多重對應分析進行解析。

以兩種方法所解析的結果雖然不同（參照下頁的佈置圖），但哪一種方法較好，則取決於詢問的目的不能一蓋而論。但從 SPSS 中資料輸入的觀點來看，項目類別型的輸入作業較為容易，並且 01 型資料表在讀取未選擇的資訊較為困難。

佈置圖顯示於下頁。對應分析是利用「行主成分常態化」計算點數，多重對應分析是利用「變數主成分」計算點數。

〈針對 01 型資料對應分析的佈置圖〉

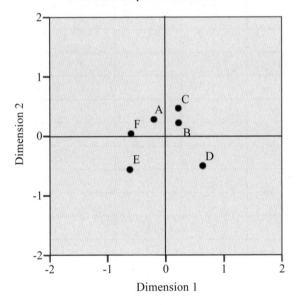

〈針對項目類別型資料多重對應分析的佈置圖〉

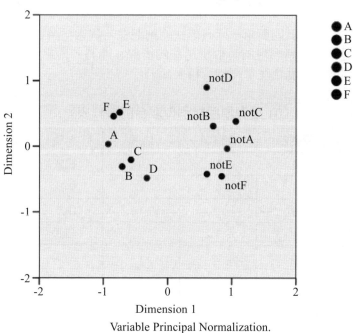

Joint Plot of Category Points

Variable Principal Normalization.

6.2 應用例

6.2.1 數個回答與單一回答的混合

　　數個回答形式的詢問與單一回答形式的詢問在一個意見調查中一起實施的情形並不足奇，有時出現同時解析這些的情況。此時，即爲解析 01 型資料與項目類別型資料混合在一起的資料表。

〈01 型與項目類別型混合的資料表〉

回答者	蕎麥麵	烏龍麵	咖哩	料理	酒類
1	1	1	0	日式	日本酒
2	1	0	1	中式	日本酒
3	0	0	1	中式	日本酒
4	1	1	1	日式	葡萄酒
5	0	0	1	西式	葡萄酒
6	0	1	1	西式	葡萄酒
7	1	1	1	日式	啤酒
8	0	0	1	中式	啤酒
9	0	1	0	日式	日本酒
10	1	1	1	中式	日本酒
11	0	1	1	日式	日本酒
12	0	1	0	中式	葡萄酒
13	0	0	1	中式	葡萄酒
14	0	1	1	日式	啤酒
15	1	1	0	日式	葡萄酒
16	0	1	1	日式	日本酒
17	1	1	1	西式	日本酒
18	1	1	1	西式	日本酒
19	0	1	0	西式	日本酒
20	0	0	1	西式	葡萄酒

此時可以考慮兩種方法：
①將項目類別型資料的部分改變成 01 型資料之後再解析
②將 01 型資料的部分改變成項目類別型資料之後再解析。

首先爲①的情形，作成如下的 01 型資料表。

回答者	蕎麥麵	烏龍麵	咖哩	日式	中式	西式	日本酒	葡萄酒	啤酒
1	1	1	0	1	0	0	1	0	0
2	0	0	0	0	1	0	1	0	0
3	1	1	1	0	1	0	1	0	0
4	0	1	0	1	0	0	0	1	0
5	0	1	1	0	0	1	0	1	0
6	1	1	1	0	0	1	0	1	0
7	1	1	1	1	0	0	0	0	1
8	0	0	0	0	1	0	0	0	1
9	0	0	0	1	0	0	1	0	0
10	0	0	0	0	1	0	0	0	1
11	0	0	0	1	0	0	0	0	1
12	0	1	0	0	1	0	0	1	0
13	0	0	0	0	1	0	0	1	0
14	0	0	0	1	0	0	0	0	1
15	0	0	0	1	0	0	0	1	0
16	0	0	1	1	0	0	1	0	0
17	0	0	0	0	0	1	0	0	1
18	0	0	0	0	0	1	0	0	1
19	0	1	0	0	0	1	0	0	1
20	0	0	0	0	0	1	0	1	0

對此表可應用對應分析。

另一方面，對於②的情形來說，製作如下的項目類別型資料表，即可應用多重對應分析。

回答者	蕎麥麵	烏龍麵	咖哩	料理	酒類
1	1	1	2	1	1
2	2	2	2	2	1
3	2	2	1	2	1
4	2	2	2	1	2
5	2	2	1	3	2
6	2	1	1	3	2
7	2	2	2	1	3
8	2	2	2	2	3
9	2	2	2	1	1
10	2	2	2	2	3
11	2	2	2	1	3
12	2	1	2	2	2
13	2	2	2	2	2
14	2	2	2	1	3
15	2	2	2	1	2
16	2	2	1	1	1
17	2	2	2	3	3
18	2	2	2	3	3
19	2	1	2	3	3
20	2	2	2	3	2

此處，

蕎麥麵　　1 = 選擇，　　2 = 未選擇
烏龍麵　　1 = 選擇，　　2 = 未選擇
咖哩　　　1 = 選擇，　　2 = 未選擇
料理　　　1 = 日式，　　2 = 中式，　　3 = 西式
酒類　　　1 = 日本酒，2 = 葡萄酒，3 = 啤酒

6.2.2 預備解析中的活用

　　多重對應分析也是可以利用於數量化理論Ⅰ類和Ⅱ類的預備性解析。所謂預備性解析是在於進行數量化理論Ⅰ類和Ⅱ類之前，以確認偏離值作爲目的來進行解析。

　　所謂數量化理論Ⅰ類是使用由類別所構成的質變數，爲預測數量資料之值而建立式子作爲目的的解析手法。這相當於說明變數均爲質變數時的迴歸分析。以下所示即爲應用數量化理論Ⅰ類的資料表。

回答者	Q1	Q2	Q3	Q4	Q5	Y
1	1	1	2	2	2	177
2	1	3	4	2	1	230
3	1	2	2	1	3	185
4	2	3	3	1	3	207
5	2	2	2	2	1	195
6	2	1	1	2	3	191
7	1	1	2	1	2	181
8	1	1	4	2	1	204
9	1	1	4	1	3	193
10	2	3	2	1	1	193
11	2	2	3	2	1	219
12	2	2	2	2	3	209
13	2	3	3	2	2	232
14	2	2	4	1	3	206
15	1	3	1	2	2	193
16	1	2	2	2	2	200
17	2	2	3	1	2	196
18	1	1	1	1	1	172
19	2	3	3	2	2	232
20	1	2	1	1	2	182

　　數量化理論 I 類是從 Q1、Q2、Q3、Q4、Q5 的回答結果，建立預測 Y 之值的式子。Q1、Q2、Q3、Q4、Q5 稱為說明變數，Y 稱為目的變數。如只注視說明變數時，即為項目類別資料，因之應用多重對應分析，觀察偏離值的有無或變數之間（詢問之間）的關係即可。

　　另一方面，所謂數量化 II 類，是在數量化理論 I 類中，目的變數 Y 為類別資料時所使用的解析手法。以下所表示者，即為應用數量化理論 II 類的資料表的例子。

回答者	Q1	Q2	Q3	Q4	Q5	Y
1	2	1	1	1	1	1
2	2	1	2	1	2	1
3	3	2	2	1	2	1
4	1	1	1	1	1	1
5	2	2	1	2	2	1
6	1	1	1	1	1	1
7	2	2	1	1	2	1
8	1	1	1	1	1	1
9	1	2	1	1	1	1
10	2	2	2	1	2	1
11	3	1	1	2	3	2
12	2	2	2	2	2	2
13	2	2	2	2	2	2
14	1	2	1	2	3	2
15	2	2	2	1	3	2
16	3	1	2	2	1	2
17	2	1	1	2	2	2
18	3	2	2	2	3	2
19	3	2	2	2	3	2
20	3	1	1	2	3	2

　　數量化理論 II 類是從 Q1、Q2、Q3、Q4、Q5 的回答結果，建立預測 Y 之值的式子。

　　對數量化理論 II 類的預備性解析利用多重對應分析時，與數量化理論 I 類一樣，不只是對說明變數應用，將目的變數 Y 當作輔助變數，再應用多重對應分析的方法也可考慮。

6.3 數量上的背景與留意點

6.3.1 資料表的形式

假設有兩個變數 Q1 與 Q2 所構成的項目類別資料表。具體的數值例如下。

Q1	Q2
1	1
1	1
1	1
1	1
1	2
1	3
2	1
2	2
2	2
2	2
2	3
2	1
3	1
3	1
3	2
3	3
3	3
3	3
4	1
4	1
4	2
4	3
4	3
4	3

此資料表利用以下 3 種方法的解析是可行的。
①對 Q1 與 Q2 的交叉表進行對應分析
②多重對應分析
③對 Q1 與 Q2 的 Bart 表進行對應分析
（註）Burt 表即爲如下：

		Q1				Q2		
		1	2	3	4	1	2	3
Q1	1	6	0	0	0	4	1	1
	2	0	6	0	0	2	3	1
	3	0	0	6	0	2	1	3
	4	0	0	0	6	2	1	3
Q2	1	4	2	2	2	10	0	0
	2	1	3	1	1	0	6	0
	3	1	1	3	3	0	0	8

試觀察①～③的解析結果（概化變異數＝特徵值）有何種關係。

維度	對應分析	多重對應分析	Burt 表的對應分析
1	0.133	0.683	0.466
2	0.088	0.644	0.415
3	-	0.500	0.250
4	-	0.356	0.126
5	-	0.317	0.101

　　針對交叉表的對應分析①所得出的特徵值設爲 λ，針對多重對應分析②所得出的特徵值爲 μ，針對 Burt 表的對應分析所得出的特徵值爲 π 時，以下的關係是成立的：

$$\mu = (1 + \sqrt{\lambda})/2$$
$$\pi = \mu^2$$

試以數值確認此事。
$$(1 + \sqrt{0.133})/2 = 0.682$$

$(1 + \sqrt{0.083}\,)/2 = 0.644$

知 $\mu = (1 + \lambda\,)/2$ 是成立的，

並且，

$0.683^2 = 0.466$

$0.644^2 = 0.4150$

$0.500^2 = 0.250$

$0.356^2 = 0.127$

$0.317^2 = 0.100$

知 $\pi = \mu^2$ 是成立的。

6.3.2 資料表的性質

■ 名義尺度與順序尺度

請看以下的項目類別型資料表。

回答者	Q1	Q2	Q3
1	低	日式	日本酒
2	低	中式	日本酒
3	低	中式	日本酒
4	低	日式	葡萄酒
5	低	西式	葡萄酒
6	低	西式	葡萄酒
7	低	日式	啤酒
8	低	中式	啤酒
9	中	日式	日本酒
10	中	中式	啤酒
11	中	日式	啤酒
12	中	中式	葡萄酒
13	中	中式	葡萄酒
14	中	日式	啤酒
15	中	日式	葡萄酒
16	高	日式	日本酒
17	高	西式	啤酒

回答者	Q1	Q2	Q3
18	高	西式	啤酒
19	高	西式	啤酒
20	高	西式	葡萄酒

假定 Q1 是詢問血壓，Q2 是詢問喜好的料理，Q3 是詢問喜好的酒類。

類別有順序時稱為順序尺度，無順序時稱為名義尺度。

Q1 是有低 < 中 < 高的順序，此即為順序尺度的資料。另一方面，Q2 與 Q3 是名義尺度的資料。不管是對應分析或是多重對應分析，順序尺度中的順序資訊並未有效活用。因此為順序尺度時，所得到的類別點數的順序，不一定與原來的順序一致，因此，此點也有需要考量。

■資料的收集方法

請看以下的交叉表。這是讓人回答所住的地區之詢問，與回答年齡的詢問，以此進行之交叉累計的結果。

	東京	千葉	琦玉	神奈川	合計
20-29 歲	45	27	23	25	120
30-39 歲	30	48	35	17	130
40 歲以上	15	35	42	18	110
合計	90	110	100	60	360

對應分析一般是針對此種表加以應用。

取決於如何收集資料，即使是相同的表，也可考慮以下 3 種。

①隨機選出 360 人，分成 12 種組合再累計。

	東京	千葉	琦玉	神奈川	合計
20-29 歲					
30-39 歲					
40 歲以上					
合計					360

此時，在資料收集前已決定的只有總人數的 360。

②由各年齡層隨機抽出事前已決定的人數，按每一層累計地區。

	東京	千葉	琦玉	神奈川	合計
20-29 歲					120
30-39 歲					130
40 歲以上					110
合計					

此時，在資料收集前每列的合計是已決定的。

③由各地區隨機抽出事前已決定的人數，再累計年齡。

	東京	千葉	琦玉	神奈川	合計
20-29 歲					
30-39 歲					
40 歲以上					
合計	90	110	100	60	

此時，在資料的收集前每行的合計是已決定的。

如以上，即使是相同的交叉表，資料的收集方法也不一定相同，因之當考察對應分析的結果時，也要考慮此種資料的收集方法再解釋。

■回答形式

請看以下的交叉表。這是 3 層（小學生、中學生、高中生）與喜好運動的交叉表。

	足球	棒球	網球	橄欖球
小學生	7	8	3	5
中學生	4	3	5	2
高中生	3	7	5	1

即使是只能選一種喜愛運動的單一回答形式，或可以選擇幾種喜愛運動的複數回答形式，同樣均為交叉表。不管是哪一種情形，對應分析都能應用。

可是，當一方是複數回答形式時，如下頁所示，將累計前的原始資料，看成項目類別型資料（小學生、中學生、高中生）與 01 型資料（足球、棒球、網球、橄欖球）混合在一起的資料表再解析是比較好的。

像這樣，對應分析與多重對應分析的區分，不只是以資料表的形式來判斷，也有需要考慮是何種回答形式的資料再決定。

〈累計前的原始資料〉

回答者	所屬	足球	棒球	網球	橄欖球
1	小學生	1	0	0	1
2	小學生	0	1	1	0
3	小學生	0	1	0	1
4	小學生	1	1	0	1
5	小學生	0	1	0	0
6	小學生	1	1	0	0
7	小學生	1	1	1	1
8	小學生	1	1	0	1
9	小學生	1	1	1	0
10	小學生	1	0	0	0
11	中學生	0	1	0	0
12	中學生	1	0	0	0
13	中學生	1	0	0	0
14	中學生	0	1	1	0
15	中學生	0	0	1	0
16	中學生	0	0	1	1
17	中學生	0	0	1	0
18	中學生	0	0	1	0
19	中學生	1	1	0	0
20	中學生	1	0	0	1
21	高中生	1	1	1	0

回答者	所屬	足球	棒球	網球	橄欖球
22	高中生	0	1	1	0
23	高中生	0	1	1	0
24	高中生	0	1	0	0
25	高中生	0	1	0	0
26	高中生	1	0	0	0
27	高中生	1	1	0	0
28	高中生	0	1	1	0
29	高中生	0	0	1	0
30	高中生	0	0	0	1

※ 多重對應分析中點數（score）的計算方法 ※

在多重對應分析中個體分數與變數分數的計算方法，有以下 4 種選項。
(1)〔變數之成分〕　　關心的重點在於變數間的相關性（最常使用）。
(2)〔個體之成分〕　　關心的重點在於個體間的類似性。
(3)〔對稱的〕　　　　關心的重點在於個體與變數間的關係。
(4)〔獨立〕　　　　　想分別調查個體間的類似性與變數間的相關性。

第 7 章
對應分析範例

本章內容

7.1 前言

例題

在許多地方都提到「相配」。譬如，在女性週刊中，像是：「如此就能與他的相配嗎？」

又或是在電視的料理節目中，像是：「與紅酒相配的食譜是什麼？」

此處，列舉「清涼飲料水」與「點心」的相配來看看吧！

因此，對 25 位受驗者，進行了如下的意見調查。

（詢問 1）您在以下的清涼飲料水中，主要是喝哪一者？

      1. 碳酸飲料   2. 運動飲料   3. 果汁   4. 茶類

【清涼飲料水】

（詢問 2）您喝清涼飲料水時，主要是吃以下的哪一個點心呢？

      1. 洋芋片   2. 花生   3. 巧克力   4 無

【點心】

 Tea Break

何謂對應分析（correspondence analysis）：
將類似的輪廓加以歸納或尋找類似輪廓的方法。

    2 次元空間的   ⎫
                    ⎬ → 2 次元空間的類別
（順序、名義、數值） ⎭

■ 想知道的事情是？

從此意見調查想知道的事情是：

①想找出「清涼飲料水」與「點心」的相配。

②想找出呈現相似反應的受試者。

〈意見調查的結果〉

受試者	詢問 1	詢問 2
1	運動飲料	無
2	茶類	無
3	碳酸飲料	洋芋片
4	碳酸飲料	花生

受試者	詢問 1	詢問 2
5	果汁	巧克力
6	運動飲料	無
7	茶類	無
8	碳酸飲料	洋芋片
9	茶類	無
10	果汁	花生
11	運動飲料	無
12	果汁	巧克力
13	運動飲料	無
14	茶類	無
15	茶類	無
16	果汁	花生
17	茶類	無
18	運動飲料	無
19	果汁	巧克力
20	碳酸飲料	洋芋片
21	運動飲料	無
22	碳酸飲料	無
23	運動飲料	巧克力
24	運動飲料	無
25	茶類	洋芋片

【清涼飲料水】　　　　　　【點心】

＊ 多重回答時將類別當作 01 變數進行多重對應分析的方法也有。

■由對應分析了解的事情

對應分析最重要的事情是從以下的「類別數量化」。

〈平均 0，變異數 1 的類別數量化〉

詢問 1 的類別	類別數量化	
	次元 1	次元 2
碳酸飲料	−0.080	1.938
運動飲料	0.545	−0.772
果汁	−1.905	−0.513
茶類	0.796	−0.134

可以求出如下的「直欄點」與「橫列點」。

〈橫列點〉

詢問 1 的類別	類別數量化	
	次元 1	次元 2
碳酸飲料	−0.073	1.578
運動飲料	0.495	−0.629
果汁	−10730	−0.418
茶類	0.723	−0.109

直欄點與橫列點,與類別的數量化幾乎是相同的意義。利用圖示此行點與列點,即可看出類別與類別的關係。

如將詢問 1 當作直行點時,詢問 2 即為橫列點。

如將詢問 1 當作橫列點時,詢問 2 即為直欄點。

如圖示對應分析(correspondence analysis)的輪廓時,即為如下。

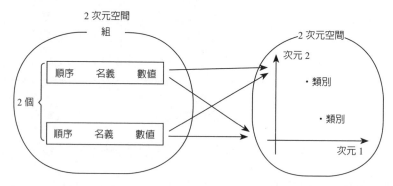

■意見調查的情形

雖然是將意見調查所列舉的 2 個詢問整理在 2 次元空間上,讓相似的類別配置在較近,不相似的類別配置在較遠,找出 2 條軸(次元 1,次元 2)是重點所在。

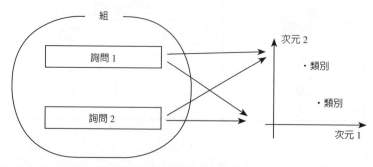

■ 數據輸入的類型

將意見調查的結果數據，如下輸入。

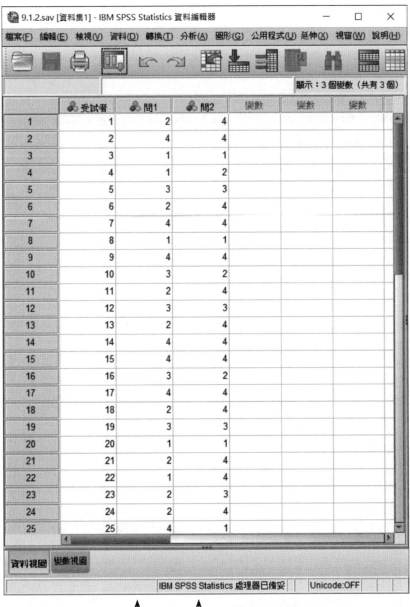

【清涼飲料水】【點心】

7.2 利用SPSS的對應分析

■統計處理的步驟

步驟1 數據的輸入結束時,從〔分析〕的清單中選擇〔維度縮減〕,再從子清單選擇〔對應分析〕。

步驟 2　變成以下畫面時，按一下「問 1」，移到〔列〕的方框中。

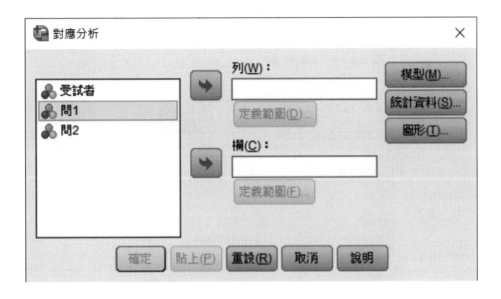

步驟 3　當〔列〕的方框變成如下時，按一下〔定義範圍〕。

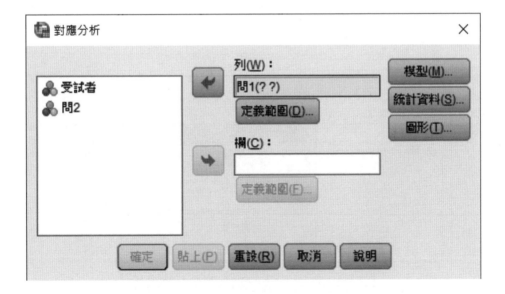

步驟 4 問 1 由於被分成 4 個水準,將「1」輸入到最小值,將「4」輸入到最大值的方框中。
按一下〔更新〕,並按〔繼續〕。

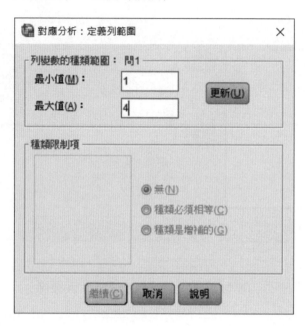

步驟 5 如圖〔列〕的方框中即變成如下。

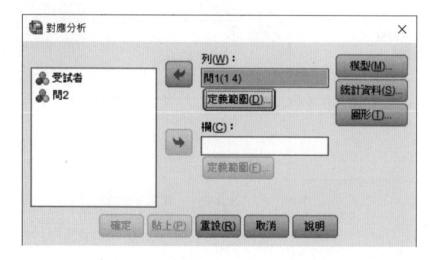

步驟 6　以相同的步驟將「問 2」移到的〔欄〕方框中，如變成以下時，按
　　　　　一下〔統計資料〕。

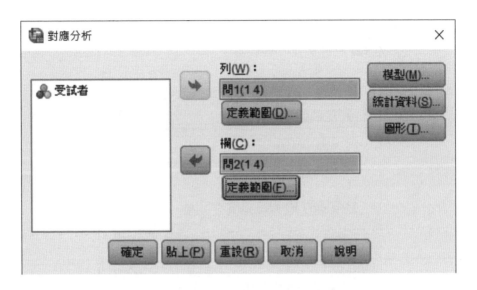

步驟 7　變成以下畫面時，勾選
　　　　　〔對應表格〕、〔列點數概觀〕、〔欄點數概觀〕，再按〔繼續〕。

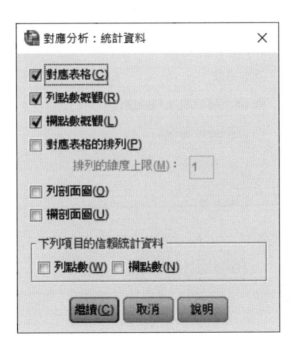

步驟 8 回到步驟 6 的畫面時，按一下〔圖形〕。
變成以下的畫面時，確認〔雙軸圖〕，再按〔繼續〕。

步驟 9　再度回到步驟 6 的畫面時，按〔確定〕。

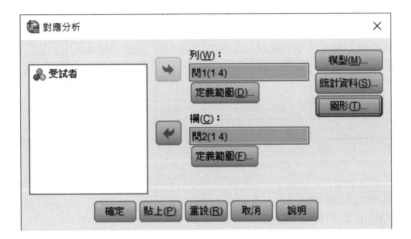

 Tea Break

> 對應分析的主要目的之一，便是說明低維度空間中，在對應表格內的兩個名義
> 變數之間的關係，同時並描述兩個變數類別之間的關係。對每個變數而言，圖
> 形中數個類別點之間的距離，會反映出類別之間的關係，而且跟這些類別很相
> 似的其他類別，會畫在它們的旁邊。
> 如果牽涉到兩種以上的變數，請使用多重對應分析。如果變數應該以序數方式
> 測量的話，請使用類別主成分分析。

■SPSS 輸出‧1

對應表格

問 1	問 2				
	洋芋片	花生	巧克力	無	作用中邊際
碳酸飲料	3	1	0	1	5
運動飲料	0	0	1	7	8
果汁	0	2	3	0	5
茶類	1	0	0	6	7
作用中邊際	4	3	4	14	25

摘要

維度	特異值	慣性	卡方檢定	顯著性	慣性比例		信賴特異值	
					歸因於	累加	標準差	相關性 2
1	.824	.679			.607	.607	.099	.054
2	.663	.439			.393	.999	.153	
3	.025	.001			.001	1.000		
總計		1.119	27.986	.001[a]	1.000	1.000		

a. 9 自由度

■輸出結果的判讀法・1

① (奇異值)² 即為特徵值，以下的等式是成立的。

$$(奇異值)^2 = 慣性$$
$$(0.824)^2 = 0.679$$

慣性比例（貢獻率）的地方，是如下計算。

$$慣性比例 = \frac{慣性}{慣性的合計}$$

因此，

$$0.607 = \frac{0.679}{0.679 + 0.439 + 0.001}$$

是表示次元 1 說明全體的 60.7%。

■SPSS 輸出・2

摘要 [a]

問 1	聚集	維度中的分數		慣性	要素項				
		1	2		點到維度的慣性		維度到點的慣性		
					1	2	1	2	總計
碳酸飲料	.200	-.073	1.578	.331	.001	.751	.003	.997	1.000
運動飲料	.320	.495	-.629	.149	.095	.191	.434	.564	.998
果汁	.200	-1.730	-.418	.517	.726	.053	.955	.045	1.000
茶類	.280	.723	-.109	.123	.177	.005	.979	.018	.997
作用中總計	1.000			1.119	1.000	1.000			

a. 對稱常態化

欄點數概觀 [a]

問2	聚集	維度中的分數 1	維度中的分數 2	慣性	點到維度的慣性 1	點到維度的慣性 2	維度到點的慣性 1	維度到點的慣性 2	總計
洋芋片	.160	.153	1.744	.326	.005	.734	.009	.990	1.000
花生	.120	-1.429	.373	.213	.297	.025	.947	.052	.998
巧克力	.160	-1.424	-.711	.321	.394	.122	.833	.167	.999
無	.560	.670	.375	.259	.305	.119	.798	.202	1.000
作用中總計	1.000			1.119	1.000	1.000			

◄③ (洋芋片列)

a. 對稱常態化

＊列（欄）點數的聚集（mass）是表示 $\dfrac{各項的回答數}{總回答數}$。

■輸出結果的判讀法・2

② 次元的分數是對平均 0，變異數 1 的類別數量化乘上「SPSS 輸出・1」
中的 $\sqrt{奇異點}$ 所得出。

〈平均 0，變異數 1 的類別數量化〉

詢問 1 的 類別	類別數量化 次元 1	類別數量化 次元 2
碳酸飲料	−0.080	1.938
運動飲料	0.545	−0.772
果汁	−1.905	−0.513
茶類	0.796	−0.134

〈次元的分數〉

詢問 1 的 類別	次元的分數 次元 1	次元的分數 次元 2
碳酸飲料	$-0.080 \times \sqrt{0.824} = -0.073$	$1.938 \times \sqrt{0.663} = 1.578$
運動飲料	$0.545 \times \sqrt{0.824} = 0.495$	$-0.772 \times \sqrt{0.663} = -0.629$
果汁	$-1.905 \times \sqrt{0.824} = -1.729$	$-0.513 \times \sqrt{0.663} = -0.418$
茶類	$0.796 \times \sqrt{0.824} = 0.723$	$-0.134 \times \sqrt{0.663} = -0.109$

0.824 是輸出 1 中的奇異值　　0.663 是輸出 1 中的奇異值
（維度 1）　　　　　　　　　（維度 2）

聚集是以如下求出。

$$0.200 = \frac{5}{25} \ , \ 0.320 = \frac{8}{25} \ , \ 0.200 = \frac{5}{25} \ , \ 0.280 = \frac{7}{25}$$

$$0.16 = \frac{4}{25} \ , \ 0.12 = \frac{3}{25} \ , \ 0.16 = \frac{4}{25} \ , \ 0.56 = \frac{14}{25}$$

③ 次元的分數是與②相同,對平均 0,變異數 1 的類別數量化乘上 $\sqrt{\text{奇異值}}$ 求出。

■SPSS 輸出·3

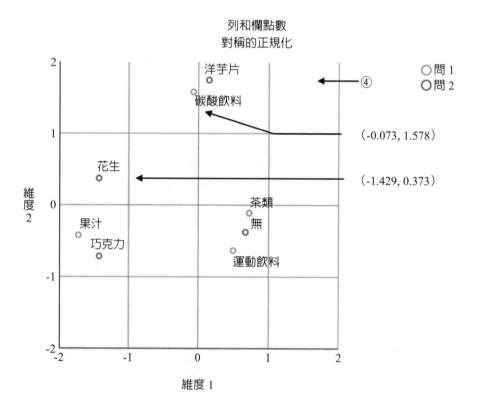

列和欄點數
對稱的正規化

■輸出結果的判讀法·3

④ 這是雙軸圖(biplot)。將②的橫列點(次元 1,次元 2)與③的直欄點（次元 1,次元 2）佈置在相同的平面上。

看此圖之後,可以解讀如下:

• 邊喝碳酸飲料,邊吃洋芋片。

- 巧克力與果汁非常對味。
- 運動飲料或茶是不用搭配點心喝的。

對了，碳酸飲料與花生的座標是：

　　碳酸飲料 (–0.073，1.578)，花生 (–1.429，0.373)，

所以可以如下加以圖示。

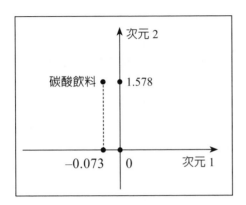 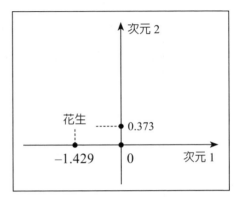

■對應分析、多重對應分析、類別典型相關分析的不同
①多重對應分析

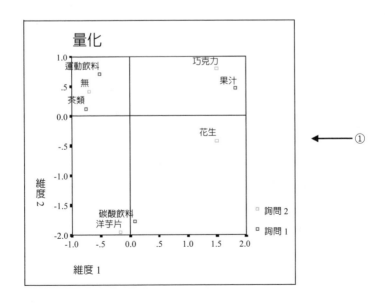

②類別典型相關分析 —— 利用多重名義

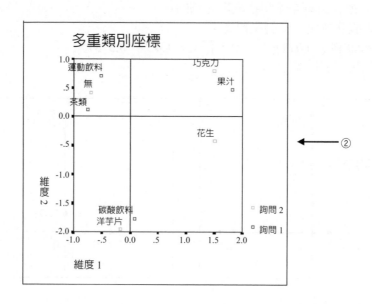

(1) 使用 7-1 節的數據，進行多重對應分析。

(2) 使用 7-1 節的數據，利用多重名義的變數進行類別典型相關分析。

由以上得知，當名義變數是 2 個項目時，多重對應分析與類別典型相關分析是相同的分析。

另外，比較「SPSS 輸出・3」的圖與前頁的圖，可知多重對應分析與對應分析是相同的分析。

第 8 章
多重對應分析範例

本章內容

8.1 前言

例題

如今，便利商店無所不在，而且我們如果想購買一些東西的話就會在附近的便利商店解決。

在那家便利商店我們想買什麼呢？

在那家便利商店我們要花多少錢呢？

因此，對 25 位受試者進行如下的意見調查。

（詢問 1）您主要在便利商店購買的東西是以下的何者呢？

　　　　　1. 便餐　　2. 零食　　3. 雜誌　　4. 飲料

　　　　　　　　　　　　　　　　　　　　　　　　　　（購物）

（詢問 2）您在便利商店 1 次大約花多少錢？

　　　　　1. 500 元　　2. 1000 元　　3. 1500 元

　　　　　　　　　　　　　　　　　　　　　　　　　　（金額）

（詢問 3）您一星期利用便利商店幾次？

　　　　　1. 幾乎每天　　2. 4、5 次　　3. 2、3 次　　4. 1 次以下

　　　　　　　　　　　　　　　　　　　　　　　　　　（次數）

 **Tea Break**

> 何謂多重對應分析：
> 「多重對應分析」會透過指定觀察值（物件）和類別的數值來量化名義（類別）資料，因此相同類別的物件會緊密在一起，而不同類別的物件則會分開。每一個物件會儘量接近包含該物件類別的類別點。如此一來，即由種類將物件區分為同質性的子群組。將相同種類中的物件歸類到同一子群組的變數即為同質性變數。調查類別與類別的關係，尋找相似類別或呈現相似反應的受試者的手法。

■想知道什麼

從此意見調查想知道的事情是：

①想找出相似的類別是什麼？

　　譬如，購買便餐的人是否幾乎每天都往來便利商店呢？

②呈現相似反應的受試者是誰與誰？等之類。

〈意見調查結果〉

受試者	詢問 1	詢問 2	詢問 3
1	零食	500 元	一次以下
2	飲料	1500 元	一次以下
3	便餐	1000 元	幾乎每天
4	便餐	1000 元	4、5 次
5	雜誌	1000 元	2、3 次
6	零食	500 元	一次以下
7	飲料	1500 元	一次以下
8	雜誌	1000 元	幾乎每天
9	飲料	1500 元	一次以下
10	雜誌	1000 元	4、5 次
11	零食	500 元	一次以下
12	雜誌	1000 元	2、3 次
13	零食	500 元	一次以下
14	飲料	1500 元	一次以下
15	飲料	1500 元	一次以下
16	雜誌	1000 元	4、5 次
17	飲料	1500 元	一次以下
18	零食	500 元	一次以下
19	雜誌	1000 元	2、3 次
20	便餐	1000 元	幾乎每天
21	零食	1500 元	一次以下
22	便餐	1500 元	一次以下
23	零食	1500 元	2、3 次
24	零食	1500 元	一次以下
25	飲料	1500 元	幾乎每天

	↑	↑	↑
	【購物】	【金額】	【次數】

■以多重對應分析可了解的事項

在多重對應分析中最重要的事情是如下的「類別的數量化」與利用此數量化所得到的「物件分數」。

〈類別的數量化〉

詢問 1 的 類別	類別的數量化	
	次元 1	次元 2
便餐	−0.862	1.107
零食	0.814	−0.863
雜誌	−1.429	−0.961
飲料	0.705	0.881

〈物件分數〉

受試者	次元 1	次元 2
1	−0.938	−1.147
2	0.786	0.761
⋮	⋮	⋮

①利用圖示此類別的數量化，可以調查類別與類別的關係。
②利用圖示物件分數，可以找出呈現相似反應的受試者。
將多重對應分析的輪廓圖示時，即為如下。

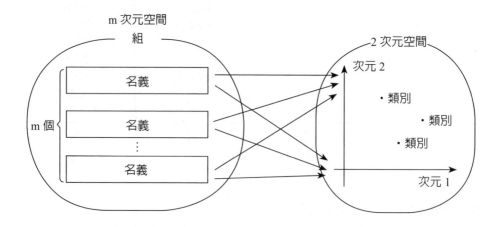

■意見調查的情形

　將意見調查中所列舉的 3 個詢問整理在 2 次空間。

　當然，在儘可能不損失原來的資訊下，尋找 2 條軸（次元 1，次元 2）是重點所在。

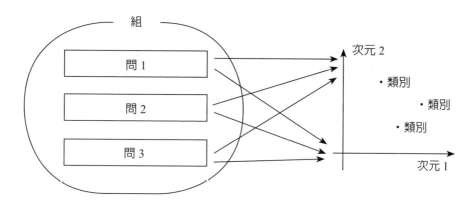

■數據輸入的類型

　將意見調查結果的數據，如下輸入。

8.2 利用SPSS的多重對應分析

■統計處理的步驟

步驟1　數據的輸入結束時，從〔分析〕的清單中選擇〔維度縮減〕。接著，從子清單中選擇〔最適尺度〕。

步驟2　變成以下畫面時，選擇：
　　　　　〔最佳調整層次〕的〔所有變數均為多重名義變數〕。
　　　　　〔變數集數〕的〔一組〕。
　　　　　此時〔選取的分析〕即為〔多重對應分析〕。接著，按一下〔定義〕。

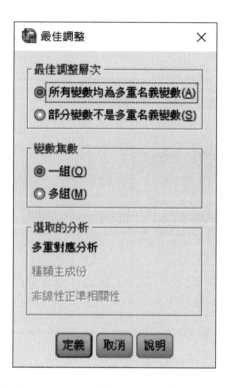

步驟 3　變成以下畫面時，按一下「問1」，並移到〔分析變數〕的方框中。

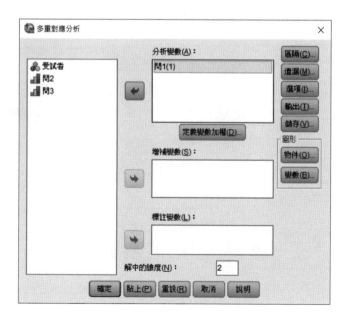

步驟 4 按一下〔定義變數加權〕，變成以下的畫面之後，維持〔變數加權〕中「1」的方框，然後按一下〔繼續〕。

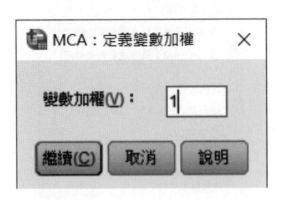

步驟 5 接著，將「問 2」及「問 3」移入〔分析變數〕中，同步驟 4 所有變數的加權均維持 1。

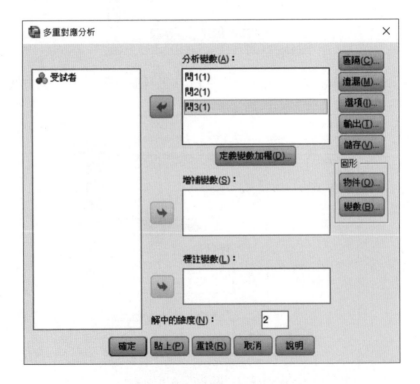

步驟 6 再將「受試者」移到〔標註變數〕的方框中。

步驟 7 點選〔選項〕，〔正規化方法〕點選〔變數主體〕，按〔繼續〕。

步驟8 回到原畫面，點選〔區隔〕，〔方法〕選擇〔分組〕，種類數分別輸入「4、3、4」。

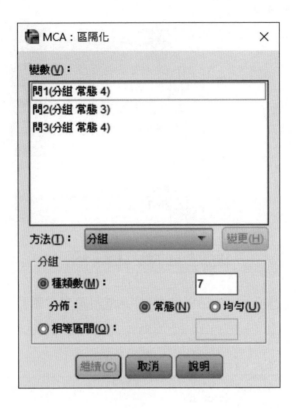

Tea Break

當根據分組區隔化變數時，可以使用下列選項：
- 類別的個數。指定類別的數目，以及這些類別中的變數值是否應該遵循近似常態或均勻分配。
- 等距。變數將重新編碼成由這些大小相等間隔所定義的類別。而您必須指定間隔的長度。
- 您可以在「區隔化」對話框中，選擇重新編碼變數的方法。除非您另行指定，否則系統將以接近常態分配的方式，將分數值的變數分成七種類別（如果這個數目少於7，則視變數中不同值的數目決定）。

步驟 9　回到原畫面，點選〔輸出〕，變成如下畫面時，選擇：
〔表格〕中的〔判別測量〕、〔物件評分〕。
將量化變數的「問 1」到「問 2」移到〔種類量化和要素項〕中。
將「受試者」移到〔標註物件評分方式〕中。再按〔繼續〕。

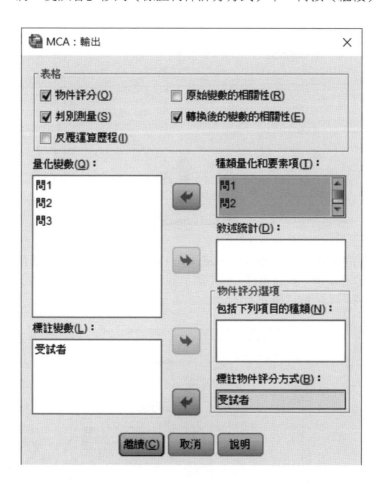

步驟 10　回到原畫面，點選圖形中的〔物件〕，勾選〔物件點數〕、〔物件
與重心（雙軸圖）〕。再按〔繼續〕，回到原畫面。

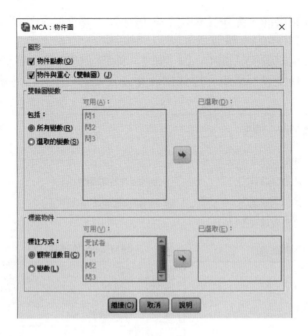

步驟 11 點選圖形中的〔變數〕,將「問 1」到「問 3」移到〔聯合種類圖〕
中。勾選〔判別測量〕的〔顯示圖形〕、〔使用所有變數〕,按〔繼
續〕,再按〔確定〕。

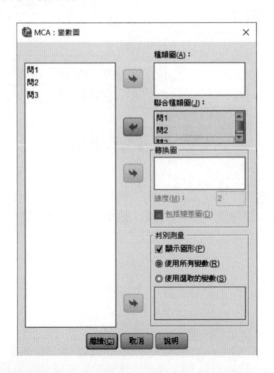

■SPSS 輸出・1

問 1

點：座標

種類	次數分配表	重心座標 維度	
		1	2
便餐	5	-.862	1.107
零食	8	.814	-.863
雜誌	5	-1.429	-.961
飲料	7	.705	.881

變數主成分正規化。

← ①

問 2

點：座標

種類	次數分配表	重心座標 維度	
		1	2
500 元	5	.938	-1.147
1000 元	9	-1.296	-.017
1500 元	11	.634	.535

變數主成分正規化。

問 3

點：座標

種類	次數分配表	重心座標 維度	
		1	2
幾乎每日	4	-.743	1.462
4，5 次	3	-1.468	-.360
2，3 次	4	-.973	-1.016
1 次以下	14	.805	-.050

變數主成分正規化。

■輸出結果的判讀法・1

① 多重對應分析的類別數量化是對平均 0，變異數 1 的類別的數量化乘上「SPSS 輸出・2」的 $\sqrt{判別測量的次元}$ 求得。

〈平均 0，變異數 1 的類別數量化〉

詢問 1 的類別	類別數量化	
	次元 1	次元 2
便餐	-0.905	1.175
零食	0.854	-0.918
雜誌	-1.500	-1.019
飲料	0.740	0.939

〈多重對應分析的類別數量化〉

詢問 1 的類別	類別數量化	
	次元 1	次元 2
便餐	$-0.905 \times \sqrt{0.908} = -0.862$	$1.175 \times \sqrt{0.885} = 1.106$
零食	$0.854 \times \sqrt{0.908} = 0.814$	$-0.918 \times \sqrt{0.885} = -0.864$
雜誌	$-1.500 \times \sqrt{0.908} = -1.429$	$-1.019 \times \sqrt{0.885} = -0.959$
飲料	$0.740 \times \sqrt{0.908} = 0.705$	$0.939 \times \sqrt{0.885} = 0.883$

 0.908 是下頁的區別測量（問 1：次元 1）的值。

 0.885 是下頁的區別測量（問 1：次元 2）的值。

 Tea Break

類別主成分分析與多重對應分析的類別數量化的意義是有稍許的不同。

■SPSS 輸出 · 2

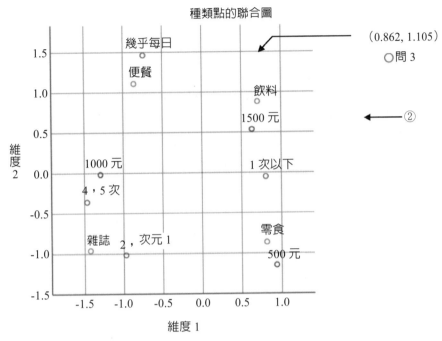

種類點的聯合圖

變數主成分正規化。

判別測量

	維度		
	1	2	平均值
問 1	.908	.885	.897
問 2	.957	.389	.673
問 3	.862	.524	.693
作用中總計	2.727	1.799	2.263
變異數的 %	90.903	59.971	75.437

← ③

■輸出結果的判讀法 · 2

② 這是將類別數量化在平面上（次元 1，次元 2）圖示者。

此處是多重對應分析的核心部分。

看此圖時由於「便餐」與「幾乎每日」相接近，所以知購買便餐的人幾乎每日往來於便利商店。

其他似乎也可以發現到有趣的事情。

但是以便餐來說，類別數量化是（−0.862，1.105）

因之，如下加以圖示。

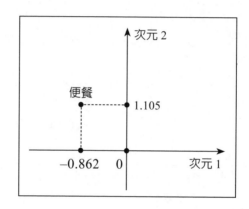

③ 區別測量的次元是在多重對應分析的類別數量化時利用。

■SPSS 輸出‧3

物件分數

觀察值數目	維度 1	維度 2
1	.938	-1.147
2	.786	.761
3	-1.064	1.416
4	-1.330	.404
5	-1.356	-1.106
6	.938	-1.147
7	.786	.761
8	-1.064	1.416
9	.786	.761
10	-1.537	-7.43
11	.938	-1.147
12	-1.356	-1.106
13	.938	-1.147
14	.786	.761
15	.786	.761
16	-1.537	-.743
17	.786	.761
18	.938	-1.147
19	-1.356	-1.106
20	-1.064	1.416
21	.826	-.210
22	.212	.884
23	.174	-.746
24	.826	-.210
25	.219	1.601

變數主成分正規化。

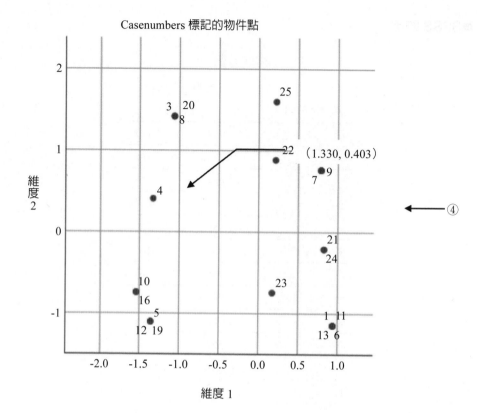

Casenumbers 標記的物件點

■輸出結果的判讀法・3

④ 這是將物件分數在平面上（次元 1，次元 2）圖示。

物件分數是將類別數量化的合計：

受試者 1　　　(0.814) + (0.938) + (0.805) = 2.557

受試者 2　　　(0.705) + (0.634) + (0.805) = 2.144

⋮　　　　　　⋮　　　　　　　　⋮

受試者 25　　 (0.705) + (0.634) + (0.862) = 2.201

進行標準化。

Tea Break

多重對應分析與對應分析的不同，即為如下：
對於二次元空間的資料（順序、名義、數據）改成二次元空間的類別是對應分析，對於多次元空間的資料（順序、名義、數據）改成二次元空間的類別是多元對應分析。
將不是交叉累計表形式的詢問進行對應分析時，是使用多重對應分析。
如果有兩個變數，「多重對應分析」就會跟「對應分析」很像。如果您確信變數包含序數或數值性質的話，那麼就應使用「種類主成分分析」。如果您想要使用一組變數，那麼應該使用「非線性典型相關分析」。

參考文獻

1. Blasius J. (1994). Correspondence Analysis in social science research. In M.Greenacre & J.Blasius (Eds.), Correspondence Analysis in the Social Sciences (pp.23-52). London: Academic Press.

2. Clausen, S. (1998). Applied Correspondence Analysis: An Introduction.Thousand Oaks:Sage Publications.

3. Greenance, M. (1984). Theory and Applications of Correspondence Analysis. London: Academic Press.

4. Greenacre, M (1994). Correspondence Analysis and its interpretation. In M. Greenacre & J. Blasius (Eds.), Correspondence Analysis in the Social Sciences (pp.23-52). London: Academic Press.

5. Ivy, J. (2001). Higher education institution image: A correspondence analysis approach. The International Journal of Educational Management, 15(6), 276-282.

6. Markos, A., Menexes, G. & Papadimitriou Th. (2009). Multiple Correspondence Analysis for "Tall" Data Sets. Intelligent Data Analysis, 13(6), 873-885.

7. Michel, V., & Henk, K. (2005). Rotation in Correspondence Analysis. Journal of Classification, 22(2), 251-271.

8. Michael Greenacre, Jorg Blasius: Correspondence analysis in the social sciences, ACADEMIC PRESS (1994).

9. Jacqeline J. Meulman, Willem J. Heiser: Spss categaries 11.0, spss Inc. (2001).

10. Sten-Erik Clausen: Applied Correspondence Analysis: An Introduction (Quantitative Applications in the social science), SAGE Publications (1998).

11. Susan C. Weller, A. Kimball Romney: Metric Scaling-Correspondence Analysis (Quantitative Applications in the social science), SAGE Publications (1990).

12. Jorg Blasius, Michael Greenare: Visualization of Categorical Data ACADEMIC PRESS (1998).

13. Machael Greenacre, Jorg Blasius: Multiple correspondence analysis and Related Methods, CHAPMAN & HALL/CRC (2006).

14. 小林龍一：數量化理論入門，日科技連出版社（1981）

15. 大陽昇：馬場康維，敘述性的多變量解析法，日科技連出版社（1994）

16. 高橋信：EXCEL 的對應分析，OMU 公司

17. 內田治：例題資料採礦入門，日本經濟新聞社（2002）

18. 內田治：SPSS 的意見調查的多變量分析，東京圖書（2003）

19. 內田治：圖表活用的技術，PHP 研究所（2005）

20. 居山由良：對應分析的利用法，資料分析研究所（2005）

21. 居山由田（2005），對應分析的利用法，資料分析研究所
22. 內田治（2006），意見調查的對應分析，東京圖書株式會社
23. 內田治（2003），意見調查的多變量分析，東京圖書株式會社
24. 內田治（2005），圖表活用技術，PHP 研究所
25. 石村貞夫（2010），利用 SPSS 的多變量分析，東京圖書株式會社

國家圖書館出版品預行編目資料

圖解對應分析／陳耀茂編著. ――初版.――
臺北市：五南圖書出版股份有限公司,
2023.06
面；　公分
ISBN 978-626-366-116-5（平裝）

1.CST: 統計分析 2.CST: 統計推論

511.7   112007697

5B1C

圖解對應分析

作　　者 ― 陳耀茂（270）

發 行 人 ― 楊榮川

總 經 理 ― 楊士清

總 編 輯 ― 楊秀麗

副總編輯 ― 王正華

責任編輯 ― 張維文

封面設計 ― 姚孝慈

出 版 者 ― 五南圖書出版股份有限公司

地　　址：106台北市大安區和平東路二段339號4樓

電　　話：(02)2705-5066　　傳　　真：(02)2706-6100

網　　址：https://www.wunan.com.tw

電子郵件：wunan@wunan.com.tw

劃撥帳號：01068953

戶　　名：五南圖書出版股份有限公司

法律顧問　林勝安律師

出版日期　2023年6月初版一刷

定　　價　新臺幣320元

經典永恆・名著常在

五十週年的獻禮 —— 經典名著文庫

五南，五十年了，半個世紀，人生旅程的一大半，走過來了。

思索著，邁向百年的未來歷程，能為知識界、文化學術界作些什麼？

在速食文化的生態下，有什麼值得讓人雋永品味的？

歷代經典・當今名著，經過時間的洗禮，千錘百鍊，流傳至今，光芒耀人；

不僅使我們能領悟前人的智慧，同時也增深加廣我們思考的深度與視野。

我們決心投入巨資，有計畫的系統梳選，成立「經典名著文庫」，

希望收入古今中外思想性的、充滿睿智與獨見的經典、名著。

這是一項理想性的、永續性的巨大出版工程。

不在意讀者的眾寡，只考慮它的學術價值，力求完整展現先哲思想的軌跡；

為知識界開啟一片智慧之窗，營造一座百花綻放的世界文明公園，

任君遨遊、取菁吸蜜、嘉惠學子！